AF269479

El libro de las hierbas

Paracelso

El libro de las hierbas

EDICIONES OBELISCO

Colección Biblioteca esotérica
EL LIBRO DE LAS HIERBAS
Paracelso

1.ª edición: noviembre de 2020
2.ª edición: noviembre de 2025

Título original: *Herbarius*

Traducción: *Francis García*
Maquetación: *Isabel Also*
Corrección: *Sara Moreno*
Diseño de cubierta: *Enrique Iborra*

© 2020, Ediciones Obelisco, S. L.
(Reservados los derechos para la presente edición)

Edita: Ediciones Obelisco, S. L.
Collita, 23-25. Pol. Ind. Molí de la Bastida
08191 Rubí - Barcelona - España
Tel. 93 309 85 25
E-mail: info@edicionesobelisco.com

ISBN: 978-84-9111-596-0
Depósito Legal: B-6.616-2020

Impreso en los talleres gráficos de Romanyà/Valls S. A.
Verdaguer, 1 - 08786 Capellades - Barcelona

Printed in Spain

PRÓLOGO

«[…] planta nombrada ya por Paracelso y cuya acción terapéutica ha sido comprobada por la farmacología moderna».

Frases así o similares pueden hallarse en muchos artículos y libros actuales sobre plantas medicinales cuando se quiere destacar la eficacia de alguna «hierba».

El médico y farmacéutico al cual se hace referencia, en cambio, sigue siendo el gran desconocido de la medicina.

¿Quién era Paracelso? Su verdadero nombre era PHILIPPUS AUREOLUS THEOPHRASTUS BOMBASTUS VON HOHENHEIM, y no fue hasta 1529 cuando se hizo llamar Paracelso (PARACELSUS) al publicar en Núremberg sus primeros libros.

Paracelso, el reformador más importante de la ciencia médica, nació en 1493 en Maria Ensiedeln, Suiza, y murió en 1541 en Salzburgo, Austria. Como hijo de médico, emprendió la misma carrera y se examinó en 1515 en Ferrara como «doctor en dos medicinas». Parece que durante sus estudios cambió varias veces de universidad; él mismo menciona estancias en Alemania, Francia e Italia, pero ninguna institución podía satisfacer sus ansias de saber.

El conflicto con sus profesores y colegas estaba programado: Paracelso se negaba con empeño a reconocer la infalibilidad de las autoridades árabes y griegas en el campo de la medicina de su época. Él quería seguir su propio camino de conocimiento viajando por toda Europa, siempre observando y aprendiendo. Desde el principio rechazó la teoría médica contemporánea, sólo aceptaba las leyes naturales. De esta manera, sacaba nuevamente a la luz la sabiduría de HIPÓCRATES, el primero en formular una ley básica que permitía realizar curaciones auténticas y duraderas: «El médico debe fomentar la naturaleza en su tendencia a restablecer la salud y esta tendencia se expresa precisamente en aquellas reacciones patológicas que llamamos enfermedades».

El lema de Paracelso era: «alterius non sit, qui suus esse potest», y cuando dijo públicamente en la Universidad de Basilea que había más sabiduría en sus zapatos de viajar que en los viejos textos de la medicina, la protesta del claustro de profesores fue tan grande que tuvo que abandonar la ciudad en medio de un gran escándalo. Ya antes en 1526, cuando Paracelso fue nombrado primer médico de Basilea, una de las primeras cosas que hizo cuando inició la docencia en la universidad fue mandar a quemar los libros de GALENO, expresando así todo su desprecio hacia las exageraciones de la patología y la terapéutica humorales con sus purgantes, vomitivos, sangrías, cauterios, emenagogos, etc., así como hacia sus recetas polipragmáticas, que correspondían más a los intereses de los boticarios que de los enfermos:

«[...] porque es una actitud desesperada ordenar muchos simples en una prescripción porque la pobre gente cree que debido al número habiendo muchos, si uno no ayuda ayudará otro.

»Ahora en las boticas no hay remedios, simplemente hay aquellos remedios cocinados todos juntos como una sopa sucia, donde el arcano (remedio principal) es ahogado en este cocido y no tiene efecto».

La enunciación de estos principios basados en la simplicidad de los medicamentos y la pequeñez de la dosis le habían portado la enemistad de médicos y boticarios y por esto el escándalo final.

Pero Paracelso seguía investigando lo que hallaba en su camino y apuntando lo que pensaba.

Paracelso no se conformaba nunca con ver al ser humano como un simple cuerpo físico. Quería conseguir una visión clara de la completa organización del hombre, ver los diferentes niveles, donde se realizan las funciones humanas.

El hombre, según Paracelso, está inseparablemente unido al universo, está en contacto con la creación en su totalidad. En esta visión del ser humano, Paracelso diferencia cinco aspectos o entes (ens):

ENS ASTRALE	El hombre tiene sus raíces en el cosmos,
ENS VENINI	realiza sus funciones en el metabolismo,
ENS NATURALE	se individualiza en su constitución personal,
ENS SPIRITUALE	coopera en la psicosomática mediante sentimientos e intelecto,
ENS DEI	y todo es creado y mantenido por una suprema inteligencia, que marca mediante destino y karma el camino.

Paracelso reconoce así las diversas energías que obran en el universo y la –en parte– invisible estructura vibracional del hombre, que le permite recibir estas energías dentro de sí.

Si todas las funciones del ser humano en estos cinco niveles armonizan en su trabajo, están en equilibrio, entonces las energías pueden entrar bien y desplegarse correctamente.

Este estado se llama salud, mientras las alteraciones del equilibrio de estas cinco organizaciones significa enfermedad.

Este concepto era completamente ininteligible para la medicina de la época, que trataba de explicar las enfermedades sólo por las malas mezclas de los humores y la alteración de los tejidos.

Había que esperar casi medio milenio para que Paracelso pudiera ser nuevamente comprendido. Nosotros sabemos hoy que el ser humano es un ser global que recibe todos sus impulsos de los acontecimientos cósmicos, telúricos y biológicos, y si no se hace consciente de esta globalidad, corre el peligro de desaparecer de la tierra.

Únicamente la naturaleza puede curar, el terapeuta puede y debe ayudarla creando las condiciones que les faciliten su trabajo a las fuerzas de la naturaleza.

Las influencias de Paracelso llegan hasta la actualidad más palpitante, como se ve también en este herbario.

Cuando la medicina olvida la importancia del medicamento natural y la terapéutica integral del ser humano, Paracelso nos indica el camino hacia las bases esenciales del arte curativo.

La observación del enfermo, la empírica en la ciencia y la simplicidad del remedio eran para él más importantes que cualquier doctrina.

Comparando todos sus escritos, Paracelso se dedica poco a las medidas terapéuticas, él investigaba sobre todo las plantas (como excelente botánico que era), los minerales, así como las fuentes de aguas minerales.

En el momento actual, cuando nuevamente la medicina corre peligro de entrar en el estancamiento material, es de desear que Paracelso sea redescubierto. Su obra, demasiado desconocida en general y en particular en medicina, será siempre la base de toda terapia que pretenda obrar en sincronía con los fundamentos de la creación.

Una ciencia curativa que quiera garantizar curación auténtica y duradera únicamente podrá tener como base unos principios que correspondan a las leyes naturales.

Gerhard E. Solbrig

INTRODUCCIÓN

Debido a que yo veo que los remedios de la nación Alemana se importan a costos elevados desde países lejanos con muchos esfuerzos, industria y cuidados, vine a preguntarme si la dicha nación Alemana no poseía remedios semejantes y podía valerse por sí misma, sin la ayuda de los países de ultramar, usando los recursos del Imperio.

Se ha llegado a encontrar, y ello con argumentos suficientes, que en nuestra propia tierra, en nuestros propios campos y en nuestros propios dominios, existen todos los remedios necesarios para que ceda la enfermedad e incluso más. Independientemente de nuestra actitud en lo que concierne a estos asuntos y de la manera mediante la cual nos los procuramos. Incluso podérnoslos encontrar en mayor número y mejores que los de Arabia, Caldea, Persia o Grecia, de tal modo que les sería ventajoso a los habitantes de estos países venir a proveerse aquí en vez de proveerse en sus propios países. Son tan buenos, que Italia y las Galias, etc., no se rebajarían recurriendo a nosotros. Que tal cosa haya permanecido escondida tanto tiempo, la culpa la tiene Italia, esta madre de la ignorancia y de la inexperiencia, pues ella nos ha llevado a esto: que los alemanes desprecien sus propias plantas y prefieren hacerlas venir de Italia o de allende los mares. La causa es que se han preocupado ante todo de sus intereses y no del amor al prójimo, cualidad que se ha apagado totalmente en ellos, o al menos en su mayor parte. No es menos cierto que los médicos alemanes son *welsch* y que operan según sus maestros *welschen* haciendo así de nosotros, los alemanes, italianos, latinos, cuando nosotros somos alemanes y no tenemos nada en común con ellos. Y ello es debido a que los libros vienen de Grecia, de Arabia, etc., son fabricados allí y traídos de allí, y por lo tanto los médicos desean tener los mismos remedios. Así que los libros y remedios proceden de un mismo nido, que no es alemán; y no son mejores para los alemanes que aquellos que posee Alemania.

Cada país produce su propia enfermedad, su propio remedio, su propio médico. Ya urge que las seducciones *welschen* se extirpen, tal un árbol que no da frutos. Me hace reír mucho que los alemanes sean árabes, griegos, caldeos y no sepan alemán; que quieran remedios *welschen* e ignoren todo de los suyos propios, que deseen las medicinas de allende los mares, cuando la mejor crece en el jardín de delante de su casa. Ved por lo tanto, amigos lectores, lo contradictorio que es todo esto: aquel que es miope mira más allá de los mares y no ve aquello que está delante de su nariz; ve la paja en el ojo del vecino y no ve la viga en el suyo propio. Devora los camellos y deja sueltas las pulgas, cuidándolas incluso con atención; en cambio, mata al camello cuando es el que le sería realmente útil. Y como ésta, otras muchas cosas se producen a causa de la seducción, la cual puede ser expulsada mediante grandes esfuerzos de tales soñadores y presbitas.

Yo habría supuesto, sin embargo, que los médicos alemanes —cuyo deseo de aprender, así como el deseo de ser considerados son tan grandes— habrían tenido en cuenta que para aprender mucho, saber mucho y comprender bien, es necesario visitar gran número de países. Si hubieran sido así, sabrían lo que yo ahora digo: a saber, el engaño de los mercaderes, de los tenderos y de los vendedores que no reciben a través de los mares una mercancía que no esté traficada. Del mismo modo, aquellos que la almacenan y la revenden, en tanto en cuanto su averiado estado lo permita. Por último, aquel que la introduce en territorio alemán y encuentra su beneficio en aquellos que le compran, entrega al enfermo un tesoro corrompido. ¡Ahora, lector, juzga el mal que representa para el moribundo ingerir los productos falsificados de tales mercaderes, por medio de los cuales debería curarse!

Continuemos: ¡qué desorden en sus remedios! ¿Y acaso vosotros creéis que esos médicos alemanes que tan poco se preocupan de la salud de los enfermos, se ocupan de ellos gratuitamente? Uno podría resoplar si el remedio fuera bueno, pero no vale nada, está adulterado, más vale no hablar ni de ello. Los médicos sólo se interesan por el nombre; en cuanto al medicamento, tienen uno de ellos y se quedan completamente satisfechos, todo va bien; siempre han actuado según las conveniencias, sin estropear nada, y están convencidos de tener razón incluso, si en realidad, por pura estupidez, todo ello no es más que engaño y negligencia de incapaces.

Pero sin querer entrar en todas estas consideraciones, dejemos que los médicos alemanes sean lo que quieran; dicho de otro modo, que se hagan *welsches,* hebreos, indios o árabes. Personalmente, yo procederé en este libro mencionando solamente las plantas, raíces, simientes y hojas según lo que yo hasta la fecha por mi experiencia, por un lado, y según la teoría natural que enseña la concordancia entre cosas semejantes, por otro lado; todo ello sin tener en cuenta los autores, bien sean árabes, griegos, caldeos, hebreos, etc., y solamente voy a tener en cuenta lo que es alemán. Y espero que los árabes, caldeos, hebreos o griegos no podrán añadir nada; dicho de otro modo: no sabrán mejorar mi libro con sus remedios del mismo modo que yo con mis remedios sus remedios. Yo soy alemán y ellos son árabes, griegos, caldeos, hebreos; pero dejemos a los actos demostrar lo que ha de ser.

Numerosos son los alemanes que han descrito las plantas y puesto sus observaciones en un libro. Su trabajo es semejante al abrigo de un mendigo compuesto de múltiples piezas cosidas juntas para formar una sola; en realidad, esto no vale nada y se deshace en pedazos a la más mínima. Y ello, justo en el momento en que más se lo necesita. ¡Yo me río de estos locos corruptores, proveedores de falsas indicaciones y falsos maestros de medicina! No son útiles a nadie salvo quizás a los impresores que se enriquecen y se engordan con su cocina. ¡En cuanto al comprador, bien poco provecho saca de su lectura, si es que saca alguno!

Y es así como yo, de este modo, he emprendido la clasificación de las plantas en fórmulas perfectas para que los enfermos encuentren un completo socorro. Bien reconozco que los simples, a pesar de sus virtudes y poderes, no son suficientes por sí solos; es necesario también el arcano. De ello resulta una doble acción: una dirigida por la virtud, la otra por el arcano. El arcano es lo que existe, en tanto que esencia, bajo una forma específica y que debe ser mantenido en el orden «canonice sive regularites»; un tal procedimiento debe de ser desarrollado en alemán, no en *welsche*. Así que yo quiero hacer la lista de los purgantes, los narcóticos y consagrar a cada uno un tratado particular; establecer además para cada uno de ellos su propia receta y la perfecta curación, tal como yo lo he anunciado. La descripción de las plantas la dejo al cuidado de los comentadores, yo sólo señalo los nombres y las virtudes. De este modo, lector, yo deseo proceder; mide hasta donde te plazca este primer trabajo. Si yo hago otros descubrimientos, ya te lo comunicaré. ¡Adiós!

DE LAS HOJAS
DEL ELÉBORO NEGRO

Si hacemos secar las hojas del eléboro negro en la sombra, con viento del este, y luego las pulverizamos y las mezclamos con un peso igual de azúcar fino y puro, conseguiremos un medicamento tal como lo prepararon los primeros filósofos del arte médico cuando empezaron a usar estas hojas. Pero fíjate bien en la manera que voy a describir ahora. Estos filósofos muy antiguos, los primeros, gozaron de una salud sólida; con esta afortunada salud consiguieron vivir largo tiempo. Para conseguirlo, recurrieron al eléboro negro; pero además siguieron un género de vida adecuado y disciplinado, como conviene a aquel que desea alcanzar un término de vida decente. Pero sólo comenzaron a usar estas plantas a la edad de 60 años (según el año actual de 365 días) y las han usado hasta el fin de sus vidas. Entre ellos no ha habido abscesos, ni en los pulmones ni en el hígado, ni en el bazo ni en otro lugar; no han existido los derrames consecutivos a las intervenciones quirúrgicas como es el caso en las heridas abiertas, los roces, las pústulas, la gangrena de las piernas y otras cosas semejantes. Entre ellos tampoco se han manifestado derrames que puedan provocar una muerte súbita, la apoplejía, la gota u otros males crónicos en las caderas o en otros lugares, los cuales aparecen común y cotidianamente en todos los seres humanos en su forma caliente o fría. Del mismo modo ocurre con las fiebres, no importan cuáles sean ni su frecuencia: cotidianas, terceras, cuartas o más (espaciadas). Entre ellos no se ha formado ninguna putrefacción que provoque el mal aliento o que genere gusanos. Si debiera decirlo todo, necesitaría muchas páginas para describir sus virtudes.

Pero con el paso del tiempo, han aparecido los médicos humoralistas que no respetan los secretos naturales y prefieren seguir sus teorías carentes de fundamento, ignorando las virtudes verdaderas y naturales. Son ellos los que han inventado la purga, el enema, los jarabes, etc., y se han permitido hacer en un día lo que las hojas hacen en veinte o treinta años. Por ello, esta planta está actualmente desacreditada, incluso abandonada en provecho de la purga, el enema, etc. En lo que a mí concierne, tengo presente que ya ha sido empleada por muchos reumáticos, mocosos, enfermos con pústulas, obesos, siguiendo las indicaciones de la antigua clasificación, y estas gentes han restaurado enteramente su naturaleza y han conquistado la salud adecuada, cosa completamente imposible para los médicos humoralistas, los cuales, por lo demás, no lo creen posible. Pero estos últimos, si bien son convincentes en palabras, no lo son mucho en la práctica. Estas mismas gentes han tomado cada mañana, una sola vez, y ello hasta la edad de setenta años, medio dracma de este remedio; luego entre los setenta y ochenta años, medio dracma, pero el segundo día; por último, desde los ochenta años hasta el fin, un dracma entero el sexto día. Los presuntos médicos no deben extrañarse de que la naturaleza sea más grande que su arte. ¿Quién se puede comparar con las virtudes naturales? ¡Sólo el que no conoce el arte! Esta planta (eléboro negro) contiene más virtudes y fuerzas que los escritos que hablan de la longevidad y que pueden leerse en las academias, razón por la cual yo no tengo la intención de reservar este tema al sólo uso de los ancianos.

De la raíz del eléboro negro

Que sepas que la raíz del eléboro negro tiene el poder de expulsar cuatro enfermedades: la epilepsia, la gota, la apoplejía y la hidropesía. Ahora, acuérdate bien de esto: estas enfermedades son graves, pero también es excelente la virtud de la planta. Conoce primeramente lo que debes comprender llegado este momento: cuando el mal sube de los miembros a la cabeza, la raíz puede ser administrada según la correspondencia que existe entre ella y la enfermedad. Ocurre lo mismo en lo que concierne a la gota, bien se sitúe por encima o bien se sitúe por debajo de la cintura; y aunque ésta sea una enfermedad seria, la raíz también es seria en cuanto a sus poderes. En cuanto a la apoplejía –que hiere y paraliza un costado–, la raíz se sirve de la misma materia que ha provocado la parálisis y trae de nuevo la vida al miembro inerte. Lo mismo ocurre en la hidropesía: ella (la raíz) seca la fuente y sus afluentes, que son los que provocan la hidropesía y lo que se desarrollaba allí es eliminado. He aquí las cuatro virtudes de esta raíz. Por ello, es imprescindible explicar el empleo en las enfermedades tal como yo lo he escrito precedentemente.

Explicación sobre la manera adecuada para administrar la raíz en cada enfermedad

La epilepsia

Se debe extraer esta raíz en luna menguante bajo el signo de Libra, el cual es el más adecuado para esta enfermedad; luego es necesaria secarla en la sombra, con viento del norte, a mediodía bajo la influencia de Venus. Los antiguos tenían por costumbre emplear el remedio tal cual, sin añadir nada. Su utilización va a ser descrita según mi plan, a saber: purgar al enfermo antes que la enfermedad se declare (completamente) en el joven, hervir la raíz con leche; para el anciano, hervirla con vino. La mitad de media onza en la bebida tres veces al día y todo ello hasta el punto culminante de la enfermedad; todo ha de ser repetido varias veces. Así procedían los antiguos.

La gota

Se ha de proceder del mismo modo con la gota: tal como en el caso precedente, es necesario purgar tres días antes de la declaración (completa) del mal; tres días seguidos así. Si todo va bien, el efecto no es diferente: el flujo de la gota se retira del cuerpo entero de tal manera que en el momento álgido ya no se padece gran cosa. Pero la costumbre, entre los antiguos filósofos, era de purgar hasta que extirpaban completamente la gota, incluso la más empecinada y enraizada, hasta el extremo que desaparecía completamente con el tiempo. Pero cuando han llegado los humoralistas, han querido, con su arte, hacer más en una hora que la naturaleza en un año; y como han sido creídos, la base de la medicina ha quedado minada.

La apoplejía

Lo mismo debemos saber también de la apoplejía. Si es antigua y confirmada, debemos purgar también como hemos indicado precedentemente. Esta raíz es tan poderosa que hurga hasta los orígenes de la enfermedad; y su naturaleza es tal que no encuentra una sola parcela en todo el cuerpo en donde no pueda penetrar. Así lo dijo Hipócrates: a grandes males grandes remedios, es decir, para las enfermedades fijas, hay que buscar grandes remedios. Dicho de otro modo, un remedio que sea tan fuerte como la enfermedad. Así es: la apoplejía es una de las enfermedades más fuertes, y esta raíz también es igual de fuerte y se le opone en el mismo grado. De ello se sigue que lo semejante encuentra su semejante; por ello es necesario dirigir siempre lo riguroso contra lo riguroso. Aquel que no tiene en cuenta que una libra es igual a una libra y que la mitad de una onza suplementaria ya pesa demasiado, jamás curará tal tipo de enfermos. Por ello, uno debe utilizar el remedio según la persona, la enfermedad y la oportunidad.

La hidropesía

Es una cosa bien sabida que en el hombre mana una fuente de la cual se escapa tanta agua, que aquel que no la haya visto nunca la tendrá por increíble; como si Moisés, con su báculo, hubiera golpeado el hígado y solamente hubiera hecho que saliera agua (y la diferencia, a lo mejor, no es tan grande, porque Dios, a semejanza de Moisés, golpea con un bastón). Pero como, por otra parte, Dios es misericordioso, da el remedio. Uno (de estos remedios) consistirá en purgar una vez a la semana con ayuda de la raíz que quitará lo superfluo, de tal manera que el exceso desaparecerá. Este eléboro negro se emplea, por lo tanto, contra la hidropesía a fin y a efecto de que el agua no predomine, sino que, al contrario, sea evacuada. El médico procederá de la manera siguiente después de haber considerado la enfermedad: purgará más o menos según lo que la necesidad exija.

Así pues, aquí ha sido mostrada la esencia de estas raíces según sus virtudes.

A propósito de otras enfermedades que aquellas que han sido descritas y para las cuales esta raíz es buena

Cuando la epilepsia, la gota, la apoplejía y la hidropesía están presentes en un hombre, provocan dolores de ojos, de oídos, de dientes y ello con muchos síntomas y no de una sola manera. Allí donde una de esas cuatro enfermedades quiere irrumpir, uno encuentra estos signos e incluso muchos más. Pues cuando llegan los problemas, no vienen solos sino en cantidad, tal como ocurre en todas las enfermedades. Ahora, cuando el médico constata y comprende —tal como él debiera hacer— que tal tipo de enfermedad puede sobrevenir y presentarse con tales síntomas precursores, no le queda sino cuidar estos síntomas en lugar de atacar la enfermedad en sí misma; procediendo de esta manera, aquélla desaparecerá.

Además, ya que la raíz extrae del cuerpo lo que no debiera de hallarse en él —lo que equivale a decir que extrae todo lo que puede o quiere dañarle—, de ello se deduce que las menstruaciones también pueden ser expulsadas por mundificativa. Esto es lo mejor para ellas. Lo mismo ocurre con un fruto muerto y malo, con los gusanos y otras excrecencias. Pero aunque para provocar las menstruaciones, el aborto y la evacuación de los gusanos, los laxantes no sean siempre necesarios, esta facultad es tan digna de ser señalada, más que cualquier otra –secreto de la naturaleza que no le podrá ser robado–, y ella tiene al contrario tanta naturaleza de este tipo, que por su virtud expulsa toda molestia entre los hombres y las mujeres, tal como se indicó al principio. Y un médico bien formado sabrá a qué atenerse en lo referente a este punto. Sabe Dios cómo el mejor doctor de todas las universidades alemanas podría, como toda práctica, usar esta hierba y esta raíz tal como ella es de por sí; dispondría entonces de un arte suficiente más que todo lo que él pudiera encontrar en sus escritos y en sí mismo. Los hechos dan fe de lo que afirmo.

Complemento de Teofrasto para la corrección de la hierba y de la raíz

Grande y maravillosa es la virtud de la hierba y muy cercana a la del bálsamo. Por ello se debe buscar tanto más el bálsamo en la hoja del eléboro negro. Y aquel que consigue extraer el bálsamo de la hierba, dicho de otro modo, transformar la hierba en bálsamo, extrae de los secretos de la naturaleza un tesoro mayor que todos aquellos que los que los escribas podrían obtener con todas sus artes. Para que la hierba pueda ser transformada en bálsamo, es indispensable que se pudra en su propia agua, *in thermafimi,* y ello de una manera bien cerrada y hermética. Después de lo cual, es necesario separar lo húmedo de la sustancia putrefacta, luego separar esta sustancia de las heces y apartar en un recipiente especial. El bálsamo consiste en 2 grados de humedad y en 22 grados de putrefacción. En lo que concierne a la putrefacción, hay que tomar la dosis según el grado; en lo que concierne a la humedad, según la cantidad, a semejanza del primer procedimiento expuesto. Pero cuando más intenso es el efecto es cuando más se haya repetido la operación, añadiendo otra hierba. Es provechoso absorberlo con algo seco, siguiendo la prescripción de aquel que entiende de esto.

En lo que concierne a la raíz, la corrección de la fórmula es la siguiente: se tomará una porción de carne, o sea, un cuartillo, se añadirá una onza de agua de nuez moscada con esta raíz (de eléboro negro), un dracma de pimienta larga, agua también, dos onzas de esta raíz cortadas groseramente y carne bien picada, todo en una urna bien cerrada: redestilar todo ello en agua hirviendo durante seis horas. Se retira entonces la humedad y se guarda; el resto no vale para nada. Dadlo a beber en función de la enfermedad, del enfermo y de la necesidad, ni demasiado ni demasiado poco. Como médico, tienes que saberlo por ti mismo. Así purgarás de la mejor manera, la más útil y eficaz.

Segundo complemento de Teofrasto

Os hemos hablado de las cuatro enfermedades principales que cura esta raíz; y también de esta hierba con la que se consigue una larga vida, como ha sido comentado suficientemente. Aprended ahora a perfeccionar las cosas con otros poderes que los de las plantas. Se añade al bálsamo del eléboro negro una onza y medio escrúpulo de bálsamo natural, mezclándolo todo; esto ya no son dos cosas sino sólo una, nadie me podrá contradecir. El bálsamo que extrae su esencia del eléboro negro no es un laxante —lo que ocurre en el caso de la hierba— sino que, al contrario, retiene. Además, el bálsamo natural es un remedio que preserva de toda infección debida a los astros, de la pleuresía, de la peste, etc. Razón por la cual no solamente hay que tenerlo en cuenta en las enfermedades terrestres, sino también en las enfermedades por influencia etérea.

Cura completa de Teofrasto que concierne a las cuatro enfermedades principales

De la epilepsia

Tomad nota de que la epilepsia debe ser curada por la raíz, así, tanto como la purga ayudará, ella ayudará. Hay muchas plantas que purgan la epilepsia, otras la hepatitis, otras también los reumatismos, etc. En efecto, a tantas enfermedades corresponden otros tantos tipos de purgas. También ocurre lo mismo con el eléboro negro. Y no es suficiente purgar, es necesario conseguir la curación. Pues aunque el viento pueda apagar un fuego, todavía pueden quedar brasas. De ello resulta que después de cada purga suficiente, debe venir la curación de la epilepsia mediante *Essentia vitrioli*. Se obtendrá entonces, entre los viejos y los jóvenes, una cura perfecta. Pero tú, médico, aprende las reglas de la purga y las reglas de la *essentia;* ellas no son del resorte de los apoticarios, sino todo al contrario de la naturaleza de las cosas; allí se encuentran la dosis y la administración para todo.

De la gota del pie, de la mano, de la rodilla, etc.

La mejor cura para la gota del pie es que sea bien purgada, sin purgar otra cosa. Entendedme: los humoralistas purgan los humores y los humores no son la enfermedad. Humores y reuma son tan distantes el uno del otro como el blanco del negro. He aquí por qué no purgan nada útil; al contrario, todo ello es contraproducente. El mal llamado gota es el que ha de ser purgado, no los humores. Es como si yo purgara a Juan cuando hay que purgar a Pedro. Juzga un poco: ¡qué práctica y qué inteligencia! Por ello es necesario señalar que esta raíz purga solamente la gota del pie y es un remedio. Por lo tanto, purga y hazlo suficientemente porque sólo golpearás la gota y sus diferentes variedades. Si has completado bien todo esto, comienza entonces con la cura que tiene que hacerse con el *Esse Specificato* y el *Ente Innato*, llamado también *Oleitate Sardiniae*, y el *Animae Animantatae* sobre todos los miembros, hasta el término, que tu propia naturaleza, de la que te debes fiar, te indica ciertamente; entonces serás perfecto en esta cura. ¡En cambio, los humoralistas no comprenden nada!

Por ello, el poeta dice: «Nescit nodosam medicus curare podagram». Esto lo ha dicho dirigiéndose a los humoralistas, manifestando que son unos incapaces y además lo estropean todo.

De la apoplejía

De la misma manera se purgará la parálisis hasta su curación, según lo que te ha sido indicado. Esto, tú lo aprenderás de la naturaleza, que es la maestra de todos los médicos. Cuando hayas terminado, toma entonces la pomada de *Esse animato*, tal como se dice en el *Lumen Expertum: Esse Animatum ab Esse Animante.* Unge con este medicamento toda (la parte) del cuerpo afectada (por el mal); y no te preocupes de la piel del (enfermo) cuando caiga. Continúa hasta que sienta el tercer grado de calor en las partes paralizadas. Luego lo untarás con el *Esse Animatum Coniunctum,* tal como se enseña en el *Lumen Expertum,* hasta el límite del tercer grado de movilidad. Luego deja (al paciente) que vaya evolucionando solo, déjale emplear los balnearios naturales que recalientan y vivifican; así le curarás las raíces de la enfermedad hasta curarle completamente la apoplejía, parálisis o *gutta,* no importa la manera cómo se presenten.

De la hidropesía

Con la hidropesía, el procedimiento es el siguiente: de entrada, que se evacúe el exceso de agua. Una vez efectuada esta evacuación de agua según el orden ya enseñado, con la ayuda del eléboro negro, se empieza la cura. La evacuación en sí misma no constituye la cura, sino sólo la expulsión del exceso. La cura consiste en impedir todo desarrollo del mal. De tal modo es la cura que te tendrás que acordar de la tintura de hierro, que es la única que actúa. Así lo podrás encontrar en el *Lumen Expertum.*[1] Se debe abordar el cuarto grado de desecación, lo que está por debajo de este grado rechaza la curación. Por este motivo, la preparación debe ser realizada alquímicamente: el boticario no lo conseguirá con sus mejunjes. Mediante la esencia de Marte, impedirás que el paciente recaiga. ¡Hazlo, humoralista! ¡Aprovecha la ocasión, *asno welsche!*

¡Qué vergüenza para ti no poder curar la hidropesía porque te falta el toque de maestría y estás hundido en la ignorancia! ¡Aprende a seguir el buen camino y deja de errar en el laberinto!

---

1. Se puede proceder de varias maneras y todas son buenas.

A propósito de otros males que dependen de las cuatro enfermedades principales

Tal como ya lo anuncié al principio, muchos otros males acompañan estas enfermedades: dolores de muelas, de oídos, de garganta, de articulaciones, etc. En efecto, ninguna desgracia viene sola; por lo tanto, hay que purgar con esta raíz inmediatamente y luego (enseguida) emplear la tintura de Marte. Y ello porque contrarresta el desarrollo de la materia purgante e impide hacer lo que los signos indican para el porvenir. Pero practica la purga según el calendario de las purgas; pues *Annale Laxativum* significa purgar cuando la enfermedad vuelve a aumentar, siguiendo el ritmo del Sol o de la Luna u otros signos o cosas semejantes. La purga (repartida) durante el año, no se regula sobre los 365 días del año, sino sobre el acrecentamiento del acceso. Por lo tanto, tienes que tener en cuenta este año para renovar los cuerpos y los conservarás (en buena salud) con la tintura de Marte, según la fórmula de este remedio y según las exigencia de estos misterios de la naturaleza.

DE LA PERSICARIA

Si queréis conocer y comprender el verdadero principio de la persicaria, empezad sabiendo que es una hierba que conviene a las heridas abiertas de los animales y de los hombres; y por consiguiente las cura casi todas. Y aquellas que no han podido serlo por otro remedio y que ya no llamamos más heridas graves sino que las llamamos lesiones, las cura si uno sabe cómo emplearla. Así es la persicaria, en efecto, ya que ninguna otra hierba la iguala cuando se trata de curar hombres y animales. Lo que está abierto y lo que amenaza abrirse, lo cura. Por ejemplo, el caballo: las heridas causadas por la silla de montar, que son a menudo tan amplias y molestas, esta hierba las puede curar sin ningún inconveniente de tal manera que uno ya puede emplear el caballo sin más lesiones. Lo mismo ocurre con el hombre si tiene tumefacciones semejantes o alguna herida debida a un trabajo en la mano o en el pie e incluso en cualquier otro lugar donde un trabajador manual pueda hacérsela; lo mismo ocurre con aquellos que han padecido penas de cárcel y que tienen cortes debido a las cadenas o también para los enfermos, a los que se les crean en el lecho, y que padecen y para tantos otros que tienen heridas abiertas en las piernas y en los brazos. Para todos ellos, la hierba constituye el remedio.

Tenéis que comprender que para utilizar la hierba es necesario proceder de la manera siguiente, a saber: tomarla y ponerla a remojar en riachuelo frío; después de esto extenderla sobre el sitio que deba ser cuidado, justo el tiempo que uno emplearía para comer la mitad de un huevo; luego enterrarla en un lugar húmedo para que ella se pudra. Mientras tanto, el mal es sanado. Debo señalar que muchos hacen cruces sobre las lesiones o efectúan rezos, pero ello es inútil, no tiene nada que ver, ya que se trata de efectos naturales obtenidos de manera natural. ¡Nada de superstición ni de magia! Por esto hay que renunciar a tales fantasías y hay que proceder siguiendo el orden natural. Entonces sí que es realmente milagrosa la hierba con su poder.

No es menos cierto que yo mismo y otros hemos curado este tipo de lesiones que acabo de mencionar, convencidos de que esta hierba verde y fresca debe de ser remojada con un agua corriente fría; y cuanto más fría sea el agua, mejor, ya que (la hierba) sólo encuentra su corrección en el agua fría. Y es de este modo, húmeda y fresca, como debe ser aplicada sobre las heridas, fijada por medio de una venda. Si el vendaje se calienta y se quema, si se pudre y despide un olor nauseabundo, es necesario quitarlo y cubrirlo con hierba fresca. Se continuará de esta manera hasta conseguir la curación completa. Lo que esta hierba no cure resistirá todavía más a los productos que llegan de ultramar.

Comprended que estos dos procedimientos mencionados anteriormente se verifican por la luz natural; es la naturaleza la que actúa, no la magia. El segundo procedimiento, el del apósito cotidiano, es natural y suficientemente comprensible por sí mismo; así que no nos dedicaremos a demostrarlo ni debatiremos sobre ello más tiempo. Pero el primer procedimiento, que los escribas callan y parecen no querer entender, yo puedo demostrároslo mediante un ejemplo, a saber: el del imán y la pequeña aguja de la brújula. En el imán reside una fuerza que, sin pie o mano, atrae hacia sí el hierro de una manera maravillosa. Si uno quiere que atraiga la aguja de la brújula, es necesario que primeramente ésta sea embadurnada y rectificada por él, de manera que el vientre esté contra el vientre y la espalda contra la espalda. Esto es conocido y está confirmado y todo el mundo lo sabe. Es un misterio de la naturaleza, un secreto, un *magnale* por medio del cual Dios muestra sus prodigios en la luz de la naturaleza.

Por lo tanto, hay en la persicaria una naturaleza similar al cuerpo herido, de tal manera que actúa sobre la carne como un imán sobre la aguja. Por consiguiente, comprended que es necesario en primer lugar establecer una unión, una sincronización entre la carne de la herida y esta hierba, de tal manera que la carne esté en contacto con la hierba como la aguja de la brújula con el imán. Dondequiera que el imán se encuentre, cerca o lejos, el efecto se hace notar hasta el fin. Cuando, en el hombre o en el animal, una llaga ha sido frotada con la hierba, tal como ha sido dicho, y el vientre está contra el vientre o la espalda contra la espalda y luego uno coloca la hierba en tierra, entonces esta hierba actúa maravillosamente hasta la curación.

Que nadie se extrañe de que la hierba deba ser enterrada, lastrada con una piedra y bien cubierta. Porque existe una razón natural para ello: si la hierba está verde y permanece sobre un tallo en el jardín, es inactiva; pues mientras ella vive, obra con los astros y los astros con ella y debido a tal operación, no es útil a nadie. Pero si uno la recoge, ella muere y los astros paran de actuar con ella; del mismo modo los hombres vivos ya nada tienen que hacer con los muertos. Pero ahora que ya está muerta, la virtud para la cual ella ha sido creada y de la cual ha recibido el sello, pasa al hombre. Y es una propiedad de la naturaleza que su efecto sea el siguiente: su acción dura tanto tiempo como su integridad. Ejemplo: el hombre sobre la tierra tiene un trabajo cotidiano que cumplir; y la suma de todos sus trabajos no es más que un solo trabajo, un solo día de trabajo. Cuando se ha acabado, el hombre muere, la muerte es el cierre. Lo mismo pasa con la hierba: ella debe curar la lesión y se dedica a esto hasta su propia y completa descomposición. Allí termina su jornada y la lesión se cura. Por lo tanto, cuanto más tarde en descomponerse, más tardará la curación, más largo será el trabajo. Pero si ella se pudre deprisa, en la tierra, su lugar de origen y de crecimiento, la curación será tanto más rápida. Ésta es la meta que le ha sido asignada, y el período, que ella cure a corto o a largo plazo. Que el que tenga prisa, acelere la descomposición. Del mismo modo, el caballo que tiene por delante un viaje de un día, lo cumplirá en función de su jinete, más rápida o lentamente.

De otras enfermedades para las cuales la persicaria es buena

Y la persicaria no es solamente buena para estas enfermedades, sino para otras muchas. Por ejemplo, en lo que concierne a los flemones. Si uno la moja con agua fría y luego la aplica sobre el diente, ella extrae el mal del flemón. Nada impide que también la entierres, según el procedimiento descrito precedentemente. Pero, como la descomposición es lenta, el uso ordinario es que uno coloque diferentes porciones de hierba sobre el diente, renovándolos frecuentemente. Muchos de estos flemones han sido curados enterrando la hierba y no han vuelto a reaparecer.

También se halla en la persicaria una virtud narcótica digna de mención, de tal manera que calma y cura los grandes calores, como aquellos que provocan la muerte en los dolores de cabeza, las manías, los frenesís y cosas semejantes. O cuando el cuerpo padece una enfermedad que lo consume hasta el punto que nada puede socorrerlo. Aquí también la persicaria demuestra ser el mejor y último remedio para trabajar desde el interior.

Entre los antiguos, se tenía por costumbre quitarle su acidez, pues es algo picante. Se la tostaba con grasa o con aceite y el mordiente era extraído. Luego se comía y el efecto empezaba. Además, es necesario saber que gracias a su poder narcótico, la persicaria ha podido vencer y eliminar la fiebre así como las dificultades respiratorias, la tos y la sofocación de la matriz, también es recomendable aplicarla exteriormente sobre la gangrena o sobre toda lesión ardiente, sola o con agua de rosas, renovándola frecuentemente.

Complemento de Teofrasto

Como complemento al primer punto que he expuesto sobre la hierba y donde el imán me servía de ejemplo, quiero presentaros aquí mi método, con sus correcciones y sus ventajas, para que tengáis un buen informe sobre la persicaria.

Os han dicho primeramente que era necesario tomar la planta y ponerla dentro de agua corriente, y luego, tal como está entonces, es decir, fresca y fría, frotar las lesiones, etc., y por último enterrarla. Pero es necesario tener en cuenta lo que puede interferir con ello: por ejemplo, cuando las lesiones son graves, difíciles de dominar y calmar. En este caso se hace necesario un complemento, tal como se ha dicho antes. El procedimiento es el siguiente: si tú piensas que una cosa interfiere o hay al menos bastantes indicios que lo indican, actúa como lo has hecho por primera vez: moja, frota y entierra. Procede de la misma manera al día siguiente y el tercer día, y si piensas que es necesario, vuelve a repetir el proceso. Continúa incluso diez, doce o catorce días seguidos sin detenerte, de esta manera (las hierbas) se descompondrán la una tras la otra hasta la total curación.

Fíjate bien en la razón por la cual yo te indico y te enseño estas cosas: ocurre a menudo que un caballo deba realizar un viaje de un día y que durante el trayecto le sobrevenga un accidente: una torcedura, una parálisis, la pérdida de una herradura, una lesión en la pezuña, un repentino malestar cardíaco, una excesiva absorción de agua, etc., razones suficientes para impedir la continuación del viaje. Debido a ello, es conveniente disponer de varios modos de actuación; donde uno no da resultado, el otro nos ayuda, si no el tercero, si no el cuarto, si no el quinto, si no el sexto, etc.

Aprende todavía otras razones: a grandes males, grandes remedios. Puede ocurrir que una sola vez no sea suficiente como ocurre en muchas enfermedades; una sola purga no da ningún resultado ni una única dosis: son necesarias algunas más. Por lo tanto, es necesario emplear el complemento al cual yo he recurrido, entonces la enfermedad será vencida como se ha podido experimentar numerosas veces. Por vosotros mismos, deberéis tener suficiente sentido común como para guardar las lesiones limpias y puras, pues mantenerlas sucias impide la curación. Por lo demás, el ejercicio no perjudica en nada; es mejor que el descanso. Cuanto más emplea uno el miembro herido, cuanto más lo entrena uno, mejor. Sabed también que muchos otros remedios, que para mayor suerte son cómodos, se pueden utilizar. Pero nada que contraríe la curación. Dicho de otro modo, no actuéis a modo de los barberos y de los chapuceros que pretenden ser todos gente precavida, inteligente y de gran saber. Pero lo que el orden natural prescribe puede contribuir a la curación y acelerarla. Sin embargo, nada se cierra que la naturaleza no haya decidido cerrar; sólo se cierra lo que se debe cerrar. Es como en estos grandes derrames que buscan una salida: no hay que cerrarla porque si no sobrevendría la muerte. Pero lo que no se presenta así será curado por la hierba. Debido a ello, tiene una cierta reputación que no tienen todos los médicos; muchos de ellos, en efecto, tienen la audacia de emprender cosas que no pueden serlo; muchos estropean entonces lo que podrían prevenir con ayuda de la hierba, por medios propios a la naturaleza. La naturaleza ha puesto probablemente mucha más inteligencia para luchar contra la enfermedad dentro de la hierba que la que ha dispensado a tres o cuatro doctores salidos de la academia.

Complemento para otras enfermedades

Tal como ya lo he dicho anteriormente, la hierba es buena para los dolores de muelas. Siempre y cuando sea usada de la manera siguiente: hacer un *lavamentum dentium*, colocarla muy caliente dentro de la boca y dejarla enfriar allí; volver a tomarla, siempre debe estar muy caliente, y volver a empezar varias veces seguidas este procedimiento. Entonces el dolor de muelas desaparece.

He aquí el procedimiento: tomar agua de rosas, raíces de j* y de esta hierba; hacerlo hervir todo largamente. Se obtiene entonces este *lavamentum*; y lo que queda de esta hierba se entierra y se cubre con una piedra, tal como se ha dicho antes. En verdad, si sufres de un dolor de muelas violento provocado por la circulación de la sangre –y todos los dolores graves de muelas lo son–, te frotarás los dientes (con esta mezcla) tal como os he dicho antes y enterrarás la hierba y la cubrirás con una piedra suficientemente grande y pesada. Entonces se producirá el primer proceso de putrefacción y lo mismo le ocurrirá a la hierba y al dolor de muelas. La hierba desaparecerá y el dolor hará lo mismo. Y sólo los ignorantes se extrañarán de que esta hierba y esta enfermedad estén ligadas la una a la otra hasta este extremo, pues esto es una «coniunctio astralis et elementalis». Del mismo modo que el calor del sol se une a la tierra, la persicaria se une a la enfermedad. Y cuando el sol se va también se va el calor. Lo mismo ocurre en nuestro caso, la una está ligada a la otra.

Ahora, en lo que concierne a las otras enfermedades de las que yo os he hablado ya, debéis saber que la corrección de esta hierba concierne a las enfermedades interiores ya mencionadas. Se debe mezclar esta hierba con agua de dulcamara o de *Sempervivum tectorum,* hervirla un poco, dejarla enfriar y beberla y enterrar la hierba, como he dicho antes. Lo mismo para las enfermedades externas, pero añadiendo alcanfor.

Pero todavía hay una cosa relacionada con la persicaria que sobrepasa todas aquellas que ya hemos señalado. Pero como aquí yo trato de los «naturalia», poniéndome en el mismo plano del hombre común, no quiero elevarme, sino permanecer sencillo. ¡Son maravillosas, sin embargo, las magnalias de Dios! ¡Quién podrá penetrarlas totalmente! Los humoralistas han disimulado las verdaderas razones y sólo han aportado basura al mundo. De la *Sophia* han hecho un engaño, han pisoteado la pequeña perla de la naturaleza y continúan haciéndolo. Olvidándose de que la naturaleza misma es intrínsecamente la magnalia, quisieran colocarse en su lugar. Debido a su engaño, resulta que no hay que decir nada de la perla. En efecto, si no pueden hacer nada a la luz del día, ¿qué es lo que no llegarían a hacer en la oscuridad? ¿Cuántos permanecen postrados en el lecho, enfermos durante años, cuando podrían ponerse en pie rápidamente si el engaño de los humoralistas desapareciera y el secreto fuera desvelado, pues la perla no conviene gran cosa a estos cerdos de humoralistas?

DE LA SAL Y SUS VIRTUDES

Dios ha creado lo que es necesario al hombre con la intención de que lo consiga con el menor esfuerzo y dificultad. Pero lo que no es necesario, o lo que al menos no lo es tanto, lo superfluo, Dios lo ha creado proporcionalmente, en menor cuantía. Por lo tanto, vosotros tenéis que comprender que el remedio debe de ser indispensable para que el hombre lo posea. Por ello no es necesario atravesar los mares, lo tenemos aquí mismo y los remedios de ultramar no tienen ninguna necesidad de venir hasta nosotros. Los habitantes de allí poseen sus propios remedios, apropiados para su salud. Lo mismo ocurre en lo que se refiere a la sal, que es una necesidad para el hombre (por lo tanto) ésta se encuentra en cantidad suficiente, según sus necesidades.

Después de este discurso, aquí está su virtud, su utilidad para el hombre. Ésta es de dos tipos: por una parte, se debe encontrarla en los alimentos, y por otra, en los remedios de las enfermedades naturales. Cada alimento sin sal que el hombre absorbe no podrá ser jamás ni completa ni convenientemente digerido, ni convenientemente cocido bien en la olla, bien en el hombre. Porque la sal contiene en su interior una virtud tal que por la cocción corrige todas las cosas. Ella es la verdadera corrección de todo alimento que el hombre emplea y come. Lo que está sin sal no está corregido; y lo que no está corregido entra en el hombre junto con la enfermedad. Por ello, todo alimento debe contener bastante sal, justo lo que hace falta: ni mucho ni poco, el justo medio. Por lo tanto, cuando el alimento cocido de este modo y templado por la sal llega al estómago, entonces la naturaleza se regocija al digerirlo, lo que no podría hacer en ningún caso sin la sal. Al contrario: lo que es dulce y carece de sal es digerido en una sangre y una carne flemáticas, fluidas, abiertas a todas las enfermedades, con una tendencia notoria a la putrefacción. Y las mismas gentes que emplean poco la sal son menos vigorosas, de una naturaleza más frágil y deteriorada que las otras, y por lo tanto presas más fácilmente de las enfermedades. Porque la naturaleza quiere que en ellos nada de lo que está sin corregir entre, quiero decir con ello nada de lo que esté sin corregir por la sal ni nada de lo que no esté preparado, es decir, que no esté cocido por el fuego, salvo lo que es para despertar el apetito, como los rábanos, las manzanas, el ajo, etc.

Sabed además que la sal es un ungüento terrestre para el hombre y para toda cosa. Aquí está la razón: allí donde la sal está ausente, la putrefacción se instala; es la única que lo preserva todo de la putrefacción, esté muerto o vivo. En lo que concierne a todo lo que está vivo, está en la sangre de todas las bestias, y si no hubiera en el hombre una sal innata, éste se pudriría vivo. La sal no está sólo en los animales, sino también está en todas las plantas. Nada existe que no sea naturalmente salado, bien se trate de los metales, de las plantas, de la madera, de las esponjas, etc., y esto se verifica mediante los álcalis, que son todos ellos sales. El hombre es de carne y come carne deseando conservar su carne, lo que equivale a decir: lo semejante busca a su semejante. Por lo tanto, el cuerpo desea tomar sal, una sal que sea su alimento, como la carne quiere carne y la sangre quiere sangre, etc. Además, la sal es como un ungüento, pues preserva de la putrefacción; sin embargo, es más sutil y noble en su naturaleza. Por ello, debemos ante todo conocer las virtudes de la sal, las que hacen de ella un ungüento, luego aquellas que hacen de ella una corrección de todo alimento y equilibran la digestión. El hombre necesita tener sal, pues no podría vivir sin ella; por el contrario, está obligado a tenerla. Allí donde existe una carencia de sal no hay nada duradero, sino únicamente podredumbre. Tal es la naturaleza de la sal, en ella misma, haciendo que en el mundo entero los hombres y las bestias la necesiten y la contengan dentro de ellos. Del mismo modo que para la carne y la madera, para que ambas no se pudran, así también es el barro. Todo lo que existe, la sal lo puede conservar. Pero para que esto ocurra, es necesario que se introduzca de varias maneras, no sólo de una. Todo descansa sobre la preparación. En efecto —todo el mundo lo sabe por experiencia—, la sal marina, la sal en bruto, conserva intactos la carne y los pescados. Pero si la sal es purificada, entonces lo conserva todo durante períodos increíblemente largos. Lo mismo ocurre con la madera: se vuelve piedra. Las hojas de los árboles permanecen verdes y lo que se rocía con sal enixum, sal purificada, no sufre de ninguna alteración. En lo que se refiere a la conservación, es semejante al bálsamo. Incluso es mejor, pues con el tiempo, conduce todas las cosas a una congelación, como si las petrificara. Si ocurriera que, sin embargo, la sal enixum se desecara, se pasara y se desvaneciera, el objeto a guardar se habrá endurecido hasta el extremo que resistirá en el aire, en la tierra y en el agua.

La sal también es buena para la salud del hombre. Como se ha dicho, es un gran tesoro. Es esencial en la alimentación del hombre y sus virtudes son muy grandes, conserva todas las cosas, vivas y muertas. Pero además de esto, es útil al hombre en las heridas y llagas: se toma agua fresca, se le pone un poco de sal y la herida lavada de esta manera se ve preservada de la infección durante todo el año. Es notorio que durante el verano las pequeñas llagas tienen una fuerte tendencia a infectarse; entonces la sal lo impide. Los gusanos que se desarrollan en las llagas son expulsados y la proliferación cesa. Este secreto es muy oportuno para la cirugía. Los que dan baños, los barberos y sus semejantes no deberían sonrojarse por emplear esta agua, pues ellos emplean frecuentemente medicamentos que crean infecciones y gusanos, hasta el punto que luego les es imposible echarse atrás. Así, su falsa maestría ha producido mucho daño y ha arruinado la salud. Por esta razón, el verdadero gran médico vigilará que la herida sea lavada adecuadamente. Limpiará la herida y si la naturaleza está limpia en la herida, trabajará por sí misma en la curación debido a su poder intrínseco. Del mismo modo que un perro limpia sus heridas lamiéndose, así el hombre ha de usar la sal.

Es necesario saber también que en los lugares en donde hay salinas se forma una salmuera tan espesa que un huevo que se dejara caer no podría tocar el fondo, ni ningún hombre, a semejanza del aceite (que flota encima del agua). Esto es conocido desde siempre. Todos los obesos, todos los que están llenos de derrames, de humores, de flemas internas, estados que llevan a la gota, la arthetica deben bañarse en estas salinas. En ellas, estos males quedarán hasta tal punto desecados que ya no volverán a aparecer nunca más puesto que habrán quedado completamente consumidos. También quedan completamente consumidas las otras cosas que hay en los muslos y de las cuales se pueden originar la gangrena y otras enfermedades. Entonces se consigue un cuerpo sano, esbelto y ágil. Pues al ser absorbida esta humedad poderosa, causante de tantas enfermedades, las cuales, al no haber derrames, ya no aparecen.

La sal demuestra también toda su eficacia en las enfermedades de la piel como la psoriasis, la sarna, pruritos y otras; las deseca y crea una piel limpia e intacta. Comparado con los balnearios –Pfeffers, Dopplitz, Baden, etc.–, esta salina es la que tiene la virtud más segura. Por lo tanto, si un médico reflexiona sobre la naturaleza y las virtudes de todos los baños calientes naturales y entonces reflexiona también sobre las salinas, entonces la sal, en su salina, lo superará todo. Porque evacuar del hombre tanta humedad, tal como ella es capaz de hacer, preservando luego contra toda recaída, ¿quién es capaz de alabar lo suficiente esta cualidad? Y la acción de la salina está en que ningún miembro del cuerpo padece ningún daño, sino que al contrario, todo queda intacto, tal como los baños enumerados precedentemente no pueden prometer. Ésta es la razón por la cual el médico tiene que estar muy atento: si tiene frente a sí un enfermo o un hombre (aparentemente) sano, cuyo cuerpo está lleno de hinchazones y derrames, debe dejarlo en el baño, según su estado y las propiedades (de las aguas). ¿Tiene enfermedades? Ya pasarán. ¿Las está incubando? Entonces quedarán consumidas de raíz, antes de haber salido a la luz del día. Por ello es ridículo aconsejar el baño sin la comprensión y el conocimiento de la naturaleza de las cosas en las cuales uno puede bañarse. Se debe escoger siempre la mejor solución y abandonar las otras.

Complemento de Teofrasto

Primeramente, cuando uno administra sal, no es necesario modificarla o añadirle cosa alguna; al contrario, se la usa tal cual. Y aunque numerosos escritos aconsejan añadirle alguna cosa, como por ejemplo, comino o hinojo, canela, nuez moscada, etc., estos añadidos no tienen nada que ver con la calidad de la sal; al contrario, con ellos, uno se introduce en un camino que no debiera seguir. Por ello, en la cocina o en la comida, la sal deberá permanecer tal cual. Sin embargo, teniendo en cuenta la enfermedad, puede ser mejorada, pero de tal manera que mantenga su grado y que no sea degradado. Toma nota, si además, cuando uno toma sal, está en su primer grado, sus «calces» están en el segundo grado, su salmuera está en el tercero. ¿Queremos alcanzar grados más elevados, hasta el vigesimocuarto? Entonces es indispensable poder conocer sus añadidos.

Antes que nada, después de haber hablado de los poderes de la sal sobre los hombres gordos, hay una corrección y un añadido necesarios: primeramente, se debe purgar a estos hombres según la regla del eléboro negro; después de esta purga, uno emprende el tratamiento de la salina. Del mismo modo, es necesario administrar el elixir *tartareum* y emplearlo cierto tiempo, según las prescripciones adecuadas para que los abscesos, las obstrucciones y las putrefacciones establecidas en el cuerpo se reabsorban, se desemboquen o se renueven, cada una según su término. Entonces se emplea la salina según sus propias prescripciones. Siguiendo tal método, mientras se desenvuelve la operación, el baño en la salina puede ser llevado hasta los dieciséis grados; dicho de otro modo, ella actúa hasta tal punto que es cómo si tuviera dieciséis grados; trece grados por encima de los que posee naturalmente.

Pero continuemos con una exaltación todavía superior. Esto se consigue al hacer una decocción empleando la salmuera y la savia del llantén, grande o pequeño. Entonces tenemos algo todavía más poderoso contra la psoriasis, la sarna u otras miserias de este género. Entonces un día (de esta cura) hará más que cuatro ordinarios.

En lo que concierne a las heridas abiertas, procede del mismo modo con savia de consuelda, serpentina y similares. Si mientras se prepara la salmuera se adjunta este añadido en lugar de emplear agua y uno aumenta el conjunto hasta los veinte grados, la curación de las heridas abiertas será entonces maravillosa. Y cuanto mejor se realice esta mezcla, mejor será el resultado.

Pero en lo que concierne a las enfermedades internas, debidas a derrames, conoce todavía otras gradaciones: la salmuera mezclada con aguardiente y con savia de llantén proporciona el medio más seguro para secar (las llagas) y alcanzar los veinticuatro y perfectos grados deseados.

También existe otra preparación que se puede emplear aquí: destilar la sal con un agua. Se consigue esto siguiendo únicamente este método: obtener savia de rábanos machacados, destilarla luego y mezclarla a partes iguales con savia de llantén, celidonia, consuelda y serpentina. Esto supera el vigesimocuarto grado de toda desecación.

Mucho depende, por lo tanto, de esta cura y de esta preparación. Debido a este añadido, el flujo hemorroidal, el *profluvium,* la disentería y otros flujos del vientre son curados de una manera que no se podría conseguir de otro modo. Porque estos añadidos mejoran tanto el agua que ella cura mucho mejor. Ningún jarabe, purgante o remedio de apoticario puede ser comparado con ella ni logra vencer estas enfermedades; todas permanecen en el cuarto grado y no van más lejos, aquí, en cambio, se llega hasta el vigesimocuarto grado e incluso hasta el trigesimosegundo. Esto supera la enfermedad y la obliga a curarse.

Es necesario comprender lo mismo para las lesiones, la sarna, las heridas, etc.

Existen otras preparaciones que, mediante procedimientos diferentes, llevan la sal incluso hasta su máximo, es decir, el vigesimocuarto grado. Por ejemplo, la sal y el salitre mezclados a partes iguales y calcinados hasta que se fundan y licúen, disueltos luego en agua, nos proporciona una desecación hasta el vigesimocuarto grado. Es bueno comprender bien esto y recordarlo, pues su poder de desecación es tan sutil y tan fuerte en sus obras que nada le puede ser comparado. Si quieres llegar aún más lejos, añade las desecaciones, tal como lo expuse anteriormente, y así obtendrás grados más fuertes hasta alcanzar el trigesimosegundo grado.

No es torpeza pasar la sal al reverbero durante el tiempo apropiado y luego mezclarla con las savias mencionadas en acuerdo con la intención que te hayas propuesto, o si no, destilarla con el agua o su licor, tal como ya he señalado.

Existen todavía muchas más fusiones del salitre para aumentar el grado: entre otras la fusión con la arcilla de Armenia, con la terra sigillata, con chimolea, con flor de cobre, con thutia, con calaminari, etc. Después de la mezcla hay que fundirlos de nuevo, lo que aumenta todavía más el grado.

Igualmente, fundir con salitre y añadir una tal mezcla, luego disolver el conjunto en su licor, derramar luego esto sobre las escorias, varias veces seguidas, de manera que caigan gotas. Esta (mezcla) alcanza entonces un gran poder astringente, de tal manera que no hay nada que no seque o cierre. Para un tal aumento del grado lo mejor es añadir crocus martis, cerusa o flor de cobre.

También debéis conocer el método que consiste en licuar y en mezclar con savia de acacia inmadura. Y no hay nada que sea más astringente, desecante ni que tenga tal poder de refinar a fondo.

Así pues, he creído bueno describir la sal y sus virtudes, sus correcciones y sus añadidos. Los escribas y los herbolarios no lo han hecho; no entienden nada de nada. He querido buscar el verdadero fundamento de las cosas, para que de su cuarto grado salga hasta el vigesimocuarto grado e incluso hasta el trigesimosegundo. Y el provecho entonces va a los remedios. Allí donde se encuentran remedios tan potentes, la naturaleza puede intervenir fácilmente y con fuerza. Muchos han intentado escribir libros sobre las hierbas y las cosas naturales, pero cuando uno lo mira de más cerca, no se encuentran más que noticias de oídas o sobre rumores plagados de embustes. Hacían libros de tal manera basados sobre rumores cuya autenticidad o falsedad ignoraban. Entonces han llegado los modernos, que mezclan una cosa con otra, sin saber si se trata de realidades o de inventos. A decir verdad, los escritos de tales escribas son la mayor parte de las veces inventados. Pero cuando tal persona lo dice, otra lo repite. Mas cuando se les pregunta de dónde procede su conocimiento, se descubre que son monjas o mujeres ancianas que les han informado. A fin de cuentas, todo no es más que su posición: «yo he creído, yo he supuesto…», el que escribe un libro no debe tomar como referencias a aquellos que sólo hablan o escriben basándose en habladurías, sino que deben apoyarse en los que hablan por experiencia. Entonces ya no se trata de una obra de un charlatán, ni de un trabajo de monje ni de cotilleos de comadres sobre los cuales tantos autores de herbarios se basan. Ellos construyen su templo sobre la arena, por ello la enfermedad los domina a ellos y a sus remedios. ¡Y entonces cualquier lluvia arrastra el templo! ¡Pues así es su arte, sus elucubraciones! Hoy en día existen muchos escribas que dicen cosas semejantes, porque disponen de mucho tiempo libre para acumular tamaños embustes. Y todo ello se acaba pronto, en torno a una hoguera. No se preguntan si esto es verdadero o falso; su argumento es ganarse una reputación. El hombre quiere ser engañado, por lo tanto, lo engañan, usan a los poetas y a los retóricos y de un chiste hacen algo serio, de una broma, un arte. Su manera de escribir y sus libros son tal que no puede uno conseguir nada con ellos.

DEL CARDO INGLÉS

La raíz del cardo inglés se presenta de la manera siguiente en la naturaleza: cuando actúa, su acción es semejante a la de la Luna, pues extrae su fuerza de otro y la da a aquel que la posee en este preciso momento. Aprende ahora como ello puede producirse según la naturaleza y toma nota para empezar de que todo lo que el arte es capaz de hacer a la luz de la naturaleza, la naturaleza lo consigue también sin el arte. Por ejemplo: yo pongo como principio que el arte puede sacar de las hierbas un remedio y darlo al hombre, tal como está privado en el medicamento que se toma de las hierbas y que se da al enfermo. Así, a su vez, la naturaleza puede tomar el remedio del agua, de la tierra, de los astros y contenerlo en un solo cuerpo, planta, hierba o piedra; luego darlo al hombre bajo forma de hierba o de simiente lo que ella ha recogido por todas partes. Si todas esas cosas son en sí naturales, debéis saber que no se producen solamente aquí, sino que aparecen incluso de una manera mucho más sorprendente cuando uno descubre el origen de los remedios y las fuerzas de la naturaleza. ¿Qué es lo que hace el agua? Toma de uno y se lo da a otro. El fuego, por el contrario, lo toma todo y no da nada. Ocurre lo mismo con los remedios que toman de uno y lo dan a otro. Y también existen fuerzas que toman y no dan.

El Evangelio dice en alguna parte: toma de aquel que tiene un talento y dáselo al que ya posee, etc., y lo que no posee, también hay que quitárselo. Apoderarse de la fuerza de otro es botín importante. Pero si el otro no hace nada, si no lo usa, si descansa inútilmente, ¿no es acaso justicia que se lo quiten? Sobre todo si la naturaleza puede ayudar en ello. En el momento presente, hay muchas cosas que toman, pero no se lo devuelven a nadie. Por ejemplo, algunas quitan al hombre su razón y lo vuelven salvaje y loco, pero nadie recibe esta razón; otras le roban su sabiduría y se la dan a otro. Lo mismo ocurría en el principio entre los egipcios, los cuales, por medio de sus camafeos, se apropiaban la buena fortuna de un hombre para dársela a un infortunado; del mismo modo, también, tomaban la victoria. Pues las mayores victorias que consiguieron Alejandro Magno o Julio César no les fueron otorgadas por el favor de los astros, sino que les fueron dadas después de haber sido quitadas a otros; y ello no sólo les concierne a ellos, sino que también a otros muchos más, y esta cosa se ha producido a menudo. Los que inventaron los camafeos y los que los prepararon fueron magos, pues esto es una especialidad del arte mágico.

También habría mucho que decir sobre las piedras que tienen la naturaleza de los camafeos. Pues son ellas las que engendran el amor, la amistad, la enemistad, la alegría, el dolor, la victoria, la derrota, la buena y la mala fortuna, la ciencia, la ignorancia, los honores y la condición miserable. Pero todo lo que se quita a uno es dado a otro, según el poder del influjo natural. Lo que es también posible para la naturaleza gracias a sus cualidades innatas, esto mismo es también conocido por el arte mágico que detenta el mismo poder. Y todos estos camafeos naturales, autogenerados, son llamados, para distinguirlos de los otros (aquellos fabricados por el hombre), angélicos –como lo es precisamente el cardo–. Por lo tanto, ya que es un camafeo autogenerado, es capaz de tomar la fuerza y el poder de otro que se le llama angélico. Y se añade esta palabra porque se le ha considerado como manifestándose en la naturaleza siguiendo un efecto angélico. Esta especie de gema se ha extinguido y desaparecido completamente, de tal manera que ni los grandes ni los pequeños lo poseen. Pero lo que es bueno y se utiliza con fines malvados, es justo que les sea arrebatado. Como la hermosa mujer que tuvo siete maridos, que se casaron con ella debido a su belleza, pero a los que el diablo rompió el cuello y estranguló. Debido a ello, todo lo que es bueno, incluso perfecto, más vale que permanezca escondido y no sea revelado, sobre todo debido a que cuanto más envejece el mundo, más se corrompe debido al mal que está en él, y ello porque el hombre ya no teme a Dios. Vosotros tenéis que comprender que cuando nos referimos al cardo evangélico, tiene su poder del influjo natural establecido en él; pues ésta es su predestinación (aquélla) según la cual él debe ser. La predestinación es cuando Dios quiere realizar algo extraordinario con ayuda de la naturaleza. Lo que está por encima de la naturaleza es un secreto extraordinario, otra magnalia: es, por lo tanto, una predestinación divina. Dicho de otro modo, tal cosa está predestinada para hacer tal cosa u otra. Lo mismo ocurre con los hombres: muchos han llegado a ser profetas; apóstoles, etc., y han recorrido su camino consecuentemente, según la predestinación; estaban predestinados y ello les ha sido concedido por Dios, sobrenaturalmente. La predestinación no está en todos, sólo está en aquellos que Dios ha escogido. Éstos pueden obrar o no obrar; sólo ellos deciden siguiendo la dirección hacia donde les empuja la naturaleza. De este modo, el cardo angélico ha sido predestinado por naturaleza, siguiendo un decreto de Dios a fin de que los poderes estén obligados a manifestarse. Pues es en las hierbas donde la inteligencia está ausente, donde no hay palabra como en el hombre, el cual está como una caña en el agua y tiene que ser llenado. Dicho de otro modo, si Dios quiere un apóstol, tiene que guiarlo y empujarlo con fuerza allí donde rehúsa ir. Si la naturaleza quiere la misma cosa, tiene que obrar de la misma manera. Allí donde la fuerza falta *(compelle intrare)*, la predestinación no puede nada, la de Dios como la de la naturaleza. El hombre, en cambio, cae en su voluntad pululante, de lo cual ninguna hierba ni raíz tiene el poder.

No es menos cierto que existen muchas complexiones a las cuales no se les puede tomar nada; sin embargo, muchas están entre las que todo poder puede ser arrancado vilmente. Los que nacen bajo el signo de Leo, Capricornio, Escorpión y Aries no se dejan desposeer fácilmente de su fuerza; no ocurre lo mismo en los otros signos. Raramente también entre los Tauro, a menos que ello ocurra en luna creciente, que es el momento más provechoso. Es inútil explicar la manera mediante la cual se desentierra el cardo y su uso al ser los humoralistas los lectores. ¿Para qué ofrecerles perlas? ¡Serían pisoteadas en el barro!

Suplemento de Teofrasto

El que quiere sacar provecho de esta raíz, debe, mediante una gran labor, descubrir su poder. Pues sin esfuerzo uno no consigue nada. Un día, en Alsacia, vi recorrer a un hombre la distancia de una legua —de Ruffach a Sulz— con un tonel de vino de ciento cincuenta kilos a la espalda. Se había llevado con él doce hombres y los había agotado a todos, hasta tal punto que no podían seguirlo y se arrastraban sin fuerzas detrás de él, teniéndose que quedar luego varios días en cama. Yo, que he visto (a estos hombres) poco tiempo después, pensé que podía devolverles las fuerzas a enfermos que también estuvieran igual de débiles. Por lo tanto, he colocado hombres vigorosos al lado de uno débil, dándole a este último suficientes raíces. Sin embargo, esto no sirvió de nada y ello me ha ocurrido varias veces. Pero así van las cosas: toda cosa que proporciona un trabajo rudo y bueno encuentra una ayuda en la raíz, mientras que los auxiliares, perecen todos. Es suficiente con escoger bien el día y la hora de la recolección.

LOS CORALES

Los corales rojos son de dos tipos: uno es rojo oscuro, casi marrón-negro o negruzco, el otro es rojo brillante. Y, de la misma manera que los colores son diferentes, los poderes y las virtudes también. Todavía existe otra variedad, de color pálido, que no tiene ninguna virtud particular. En efecto, cuanto más pálido es un coral de la variedad roja, más disminuyen sus virtudes y menos valor tiene.

Ahora, tomad nota de una experiencia confirmada con los corales: los rojos, de bella apariencia brillante y enteramente coloreados, sin resquebrajaduras y provistos de ramas sin mutilar, están en plena posesión de sus poderes. Pero allí donde hay resquebrajaduras, la virtud no es perfecta; allí donde hay mutilación, hay una gran pérdida de fuerza. Del mismo modo que a un árbol al que se le han cortado ramas rinde menos frutos, exactamente lo mismo ocurre con los corales —bien sean rojos o marrones—. En latín, yo llamo a los corales hermosos *coralli rutilantes,* es decir, de un color rojo brillante; los marrones que tienen un aspecto desagradable, yo los llamo *coralli caliginosi.*

Los corales brillantes son alegres y agradables; los marrones son tristes y desagradables, es decir, todo lo contrario de los primeros. Si uno quiere llevar corales, sea joven o viejo, debe abstenerse de los marrones y llevar siempre los rojos. La diferencia entre la alegría y la tristeza es grande, entre las risas y los lloros; y del mismo modo, entre los corales rojos y marrones. Es debido a esta gran diferencia que uno tiene que escoger con cuidado los corales hermosos y no los sombríos. Pues si uno quisiera levantar los ánimos a una persona debilitada y emplea marrones, su enfermedad y su melancolía se agravarán.

Por lo tanto, comenzad aprendiendo algunas virtudes de los corales hermosos: son buenos y útiles para la *Phantasia*, para los *Phantasmata*, para los Espectros y la *Melancholia*. He aquí una definición para la *Phantasia*, los *Phantasmata*, los Espectros y la *Melancholia*, para que sepáis distinguir cuáles son las diferencias entre las enfermedades y también para que sepáis emplear adecuadamente los corales para cada una de ellas:

Phantasia

Es cuando un hombre, por sí mismo, sin necesidad, reflexiona sobre muchas cosas que tienen relación con las artes, la sabiduría, el talento, el saber, etc., no las domina como desearía, sino que, al contrario, las persigue con su imaginación. Lo que equivale a decir que reflexiona sobre la manera mediante la cual llegará a tal y cual resultado. Los corales hermosos, aquellos que le permitirán una buena experiencia, no le dictarán nada impuro, provenga esto del diablo o de otros, los cuales desearían inducir al hombre a la tentación. Por medio de la imaginación, los corales buenos ayudan (a luchar) contra la imaginación perversa, mientras los corales marrones hacen lo contrario.

Phantasma

Son los espíritus nocturnos. Son naturales y tienen alguna cosa de la inteligencia humana y buscan al hombre, sobre todo a aquel que les sea obediente. Son numerosos, los buenos como los malos, pero invisibles, permaneciendo cerca del hombre a semejanza de los perros, que también aman al hombre y permanecen cercanos a él. Sin embargo, no hay nada que buscar en ellos o entre ellos; son espíritus vacíos, presentes solamente para perturbar al hombre y causarle quebraderos de cabeza. Ellos huyen de los corales rojos de la misma manera como el perro huye del bastón; en cambio, se precipitan hacia los marrones y se multiplican. Como los íncubos y súcubos, son producto de la imaginación.

Espectros

Son las formas nacidas del cuerpo astral de hombres muertos. Debido a que el hombre tiene dos cuerpos, uno que proviene de los elementos y otro del firmamento. El elemental muere y se descompone en la tierra, a éste se le entierra. El otro vuela por los aires, por encima de la tierra, etc., allí en donde uno ve el cuerpo etéreo de un hombre muerto, se está en presencia de un espectro. Ellos huyen de los corales rojos, pero se acercan a los marrones.

Melancholia

Es una enfermedad que se apodera del hombre y lo hace profundamente triste, meditabundo, soñador, indolente, malhumorado. Se hunde en pensamientos y especulaciones extrañas, en la tristeza, los lloros, etc., tal como lo requiere su estado de ánimo. Esta melancolía es expulsada por los corales rojos, pero los marrones la aumentan.

He querido indicaros esto para que comprendáis la diferencia entre los corales. Debido a esto y con la intención de enseñaros, os he presentado estos cuatro aspectos.

Suplemento de causas por Teofrasto

Ahora debo presentaros el origen de las cosas en relación a la fuerza y el poder de los corales. Pues muchos podrían pensar que esto no es natural y denunciarlo como una superstición. He aquí el origen: las cuatro enfermedades descritas son todas ellas naturales y no contra la naturaleza. Tampoco son del diablo ni de espíritus emanados del diablo. Por lo tanto, ellas son naturales tal como lo demuestran la astronomía, la composición del hombre y la descomposición del microcosmos. Debido a esto, la naturaleza posee su remedio secreto y su magisterio contra todo lo que es natural y que proviene de ella misma. Y contra las cuatro enfermedades, los corales son uno de los secretos naturales como otros que también existen. De esta manera la naturaleza trabaja contra la naturaleza y con ella, puesto que los corales rojos expulsan (estas enfermedades) y los marrones la retienen. Y esto ocurre mediante las fuerzas naturales e intrínsecas de la naturaleza.

Suplemento sobre los corales y sus poderes

Ellos alejan la tempestad provocada por el rayo, la lluvia y el granizo. Allí donde son dispuestos según su orden, la tempestad no se produce.

Complementos naturales de Teofrasto

Si, con nuestra inteligencia, podemos hacer un tejado contra la lluvia, una estancia contra el invierno, una habitación sombreada contra el sol para que no nos atormenten, sabed que la naturaleza puede hacer otro tanto e incluso mucho más que nosotros, de tal manera que, sin necesidad de un tejado, la tempestad no pueda desencadenarse ni causar otros destrozos. La naturaleza puede provocar una tormenta en el cielo; también puede crear una protección. Por ejemplo, puede crear una enfermedad y proporcionar los remedios contra ésta. Así, para cada cosa natural, la naturaleza ha dado una cosa capaz de resistírsele. Por ello Dios ha creado también a aquel que comprende esta cosa; y de la tierra también ha creado la misma cosa.

Además: los corales expulsan a los monstruos salvajes. Un monstruo es aquello que el cielo genera contra el orden de la naturaleza. Por ejemplo, hace madurar una simiente, la cual se vuelve un monstruo, es decir, un animal que no está incluido entre las criaturas. Estos horribles monstruos son particularmente repugnantes para el hombre y muy frecuentemente son confundidos con espíritus, con el diablo, etc., porque no provienen del orden natural, sino todo lo contrario. Los corales destruyen también tales monstruos.

Suplemento de Teofrasto

Ellos son (los corales) de la naturaleza y producidos por ella y, sin embargo, están contra ella. Para ello, la naturaleza ha recibido de Dios una protección: lo que crece en ella, según su orden y medida, puede expulsar lo que ella misma ha creado contra ella. Los monstruos, por ejemplo, de los cuales volveremos a hablar en el *De generationibus rerum et monstrorum* y de los cuales no quiero decir nada más aquí.

Además, estos corales, colocados en algún sitio o llevados o dejados en algún sitio apropiado, expulsan al diablo, es decir, a sus espíritus, a aquellos que quieren poseer a la gente y merodean alrededor de ellos. Son numerosos entre los hombres, invisibles, instruyendo a estos últimos sin que lo sepan y sin que reconozcan lo que viene de ellos: sueños, engaños, etc. Los corales expulsan, por lo tanto, a esos espíritus de aquéllos en los que se alojan bajo apariencias ocultas; con su consentimiento los desembarazan de la mentira y del engaño.

Teofrasto

He aquí la razón: del mismo modo que el demonio huye delante del sol y no puede permanecer próximo a él, odiando el día y la luz y amando lo que es tenebroso, de la misma manera no puede permanecer cerca de los corales porque Dios les ha dado una virtud extraordinaria que los coloca por encima de todas las plantas como el sol domina por encima de todas las estrellas. El demonio puede estar bajo todas las estrellas, pero no bajo la estrella del sol; no puede estar aquí porque los corales rojos son semejantes al sol por su fuerza secreta. Los marrones son semejantes a la luna y cerca de ellos el demonio permanece como permanece a la luz de la luna.

Además en los corales reside también tal secreto, tal misterio, que preserva los campos de los pájaros, los cuales provocan pérdidas, así como de los gusanos que son parte de los parásitos. Protegen de las fechorías de los espectros nocturnos que estropean y perjudican muchos campos. A todos ellos resisten y los expulsan, multiplicando así la protección del campo. En efecto, los espíritus nocturnos –dicho de otro modo, los cuerpos siderales– perjudican grandemente a las frutas.

Allí donde se encuentran, multiplican los frutos en los campos y en el jardín.

Otro suplemento de Teofrasto

En lo que se refiere a la naturaleza del coral, debo señalaros también otra cosa: nadie ignora que el diablo posee a las gentes. Y todavía más a los animales, perros, cerdos, pájaros, de lo cual el hombre se ríe. Pero también puede poseer la escarcha, el rayo, el granizo y otras cosas del mismo tipo. Del hecho de que sea capaz de poseer a la naturaleza se sigue que la naturaleza pueda liberarse de él mediante sus propios recursos; no por ella misma ni por la fuerza que le es propia, sino por lo que es semejante a él y que Dios le ha dado para fortificarla. Exactamente como un remedio contra la enfermedad: ayuda a la naturaleza contra los malos espíritus y contra las enfermedades dañinas. Por ello hay que recurrir constantemente a los corales que han recibido de Dios una fuerza contra toda enfermedad, del mismo modo que el remedio recibe una de la tierra.

Aún más sobre el poder de los corales

Regulan todos los flujos de la matriz, los rojos y los blancos, devolviéndolos a su estado natural.

Lo mismo lo que concierne a los flujos del vientre, rojos, blancos y otras disenterías, lo mismo entre los jóvenes que entre los viejos.

También son buenos para las mujeres en el momento del parto, de tal manera que dan a luz felices y con buena salud.

Generan también buenas complexiones, alegres y ligeras y moderan todas las rudezas de la naturaleza en el temperamento.

Retienen la sangre en las venas, en la matriz, en las heridas, en la vena hemorroidal.

Quitan los espasmos y conducen a la naturaleza para que los hombres no lleguen a enfermar de epilepsia.

Curan la epilepsia a los jóvenes y a las personas de media edad.

Complemento de Teofrasto

En lo que concierne a la corrección, tomad nota que aquí no puedo, ni quiero, corregir la forma del ser específico, pues lo que Dios ha colocado entre sus límites y predestinado según su grado, nadie puede luego disminuirlo o aumentarlo. Pero luego, en lo que concierne a la forma del ser específico, yo quiero, como yo tengo el derecho, dar la corrección y el añadido de los corales. Pues sus misterios, sus arcanos, sus magnalias y sus secretos son maravillosos. He aquí el motivo por el cual no quiero omitir el corregir y el añadir ni quiero hablar de estas cosas de la misma manera que los escribas que también hablan de ello. Sus escritos se asemejan a la imagen que un pintor copia sin saber lo que su dibujo representa. Del mismo modo, los escribas son copiadores.

Desde el origen, fue costumbre entre los filósofos separar el bien del mal, lo puro de lo impuro; dicho de otro modo, toda cosa debe morir y solamente el alma puede permanecer. Si por lo tanto el alma debe permanecer y el cuerpo pudrirse –y cuando una semilla se pudre, normalmente no rinde fruto–, uno puede preguntarse: ¿qué es lo que se pudre? Sólo se pudre el cuerpo. El bien, el ser, el alma no se pudren. Por lo tanto, hay que retirarles lo que se pudre. Después de lo cual, uno descubre la perla que se encuentra allí y que contiene todas las virtudes. Sabed que también ocurre lo mismo con los corales. En efecto, cuando uno retira la perla del coral, permanece un gran residuo, pues la perla siempre es pequeña comparada con lo que queda y que no vale nada. Además, tenéis que saber que la perla de los corales posee una virtud tal que interrumpe los flujos anormales de todas las mujeres, sin inconvenientes para el resto del cuerpo. Cuando se detienen con otros remedios estos flujos, se provocan peores desórdenes en otros sitios, así no ocurre aquí. Todo permanece puro en su curación sin que se produzca ningún daño. Porque es un remedio tal que no se puede encontrar nada igual; es lo mismo que si fuera un tesoro. Así obra la perla con los flujos del vientre, no importa cómo son ni de dónde vienen; e incluso si los enfermos están graves en extremo, ella los vuelve a poner en pie. Ningún flujo queda afectado.

Éstos son los grandes poderes que Dios ha dado a la perla que es perfecta en todas sus virtudes, tal como lo hemos mencionado anteriormente. Tomándola se detiene toda hemorragia en el cuerpo no importa como sea; lo mismo para la epilepsia, entre las mujeres, los niños y los hombres. Diez o quince gotas son suficientes para hacer desaparecer todos los tipos de epilepsia. Y aquel que la toma durante cinco semanas consecutivas queda liberado de todas estas enfermedades.

También es posible una adicción con el *Secretum Carniolae;* multiplica su efecto. También se puede añadir *Vitrum Martis* bajo forma líquida. Se practica el primer añadido cuando es necesario para algo; el segundo es para la epilepsia. La perla también puede ser rectificada *in circulatio*. Pero no hay curación posible para el artista que se toma por un alquimista y que no es en realidad más que un charlatán.

LOS PODERES DEL IMÁN

Es bueno que sepáis, ante todo, que existe en el imán una fuerza que atrae; por lo tanto, que el imán atrae, de una manera maravillosa y que supera nuestro entendimiento, el hierro, el acero y muchas otras cosas. Esta vez, mi argumento es el siguiente: este poder, encerrado en el imán está expuesto a la mirada de todos los médicos, pero ellos no se preocupan mucho si los imanes podrían servir o no en otros campos. Pero todos los médicos han despreciado tales experiencias y han usado sus habladurías de cocineros, lo cual, honradamente, es injustificable, pues poseyendo tal cosa y pudiendo claramente constatar el efecto, no han intentado emplearlo en otras experiencias.

Si yo repito todo lo que los antiguos han dicho de las virtudes del imán, no habré hecho nada. Si quiero hablar del imán, es necesario que me refiera a los añadidos y a la corrección. Estos miserables doctores y farmacéuticos, que no entienden nada, me reprochan a menudo que no sigo a los antiguos escribas. ¿Y por qué debería seguir a los que carecen de base? Leed solamente lo que dicen sobre el imán: nada. Mirad, en cambio, lo que yo digo y colocadlo todo en la balanza. Si yo no me hubiera ocupado por mí mismo del problema y hubiera seguido únicamente los consejos de los antiguos, me habría vuelto completamente ciego en lo que concierne a los remedios. Me hubiera quedado sin ojos; pero no me he quedado ciego y siempre continúo buscando; por lo tanto, ya no necesito seguirlos. Sigo a mi experiencia, no a ellos. Que nadie se ocupe del largo discurso que ahora he hecho; no he empezado a hablar del imán, pero he creído conveniente preveniros.

Los antiguos escribas decían que el imán atrae el hierro y el acero, y es verdad. Pero para ello no hace falta un escriba: cualquier mozo de cuadras es capaz de darse cuenta. He aquí, pues, mi motivo: ¿es suficiente lo que ve el mozo o acaso hay todavía más de lo que él ve? Me parece juicioso profundizar en este tema, esforzarse todavía más en vez de pasar por encima somnoliento. Un escriba, en su filosofía, debería avergonzarse de ser comparado a un mozo de cuadras. Es la experiencia quien dirige todas las cosas e incluso la teoría que se deduce de ellas y dicen que el imán es una piedra en la cual reside, de manera manifiesta, en relación al hierro y al acero, una potencia atractiva; y lo mismo ocurre con todas las enfermedades de Marte que residen en el cuerpo.

Los antiguos humoralistas han hablado a menudo de los cuatro humores, debido a lo cual han introducido el error en la medicina. Pero yo os digo que la influencia de los astros nos da una comprensión más profunda de las enfermedades de la que nos proporcionan los humores. Pero como solamente saben tocar su violín, no hay, según ellos, más que humores. La experiencia demuestra que el imán atrae a todas las enfermedades de Marte de su lugar hacia otro, así como el excremento que proviene de ellas y todo ello a su justo lugar. Ahora, es necesario mostraros lo que son estas enfermedades: son aquellas que el imán demuestra atrayéndolas hacia él, así como también atrae el hierro y el acero. Estas enfermedades son las siguientes: todos los flujos de las mujeres, sin importar su naturaleza; todos los de la defecación, sin importar su naturaleza; lo mismo:

toda enfermedad que parte del centro y se extienda mediante un movimiento circular; lo mismo: toda inversión de los flujos, los cuales parten usualmente de su raíz para ir hacia las ramas y que deberían permanecer retenidos en la dicha raíz. He aquí, por lo tanto, las virtudes que yo reconozco en el imán, a pesar de todo lo que los escribas, antiguos o modernos, hayan podido decir.

Para concluir lo que yo he empezado a describir aquí, a saber, el lugar donde debe ser depositado el imán para que ocurra tal cosa, he aquí la indicación que os doy: debéis colocarlo sobre el centro de donde sale la enfermedad. Por ejemplo, la menstruación —el *profluvium*— mana rojo o blanco; por lo tanto, se le debe colocar en el centro, es decir, sobre la primera raíz que la origina; entonces, ya no se producirá más. Lo mismo: si se trata de la diarrea, colocad el imán en el centro, allí donde la diarrea tiene su raíz. No bajará nada más hacia abajo. Lo mismo: para otras enfermedades que tuvieran tendencia a instalarse en el cuerpo entero más allá de su lugar, hay que colocar (el imán) en medio de la enfermedad y ella ya no se moverá. Con una tal inversión y una tal atracción, los excrementos y las superfluidades permanecerán en su lugar y desde allí podrán ser evacuados con facilidad por sus orificios naturales; y ello siguiendo la eficacia del remedio, la justa necesidad y la justa digestión. Si tal cosa queda parada, el enfermo no queda curado por ello; pero ello lleva a que se pueda hacer la digestión perfecta, en su lugar, evacuando en el tiempo adecuado. Así que la enfermedad permanece retenida en su lugar, *in* cólico, de tal modo que no hay la contracción subsecuente. La materia pectante es retenida en su lugar, luego es digerida, expulsada por último según el orden natural y en el tiempo conveniente. Mediante esta expulsión en el tiempo debido, cólico y contracciones cesan.

No me parece que haya un tesoro más valioso en medicina que el poder retener una enfermedad en su centro a fin de que no se propague y luego que el médico sea hábil y la digiera en este mismo centro y la deje madurar perfectamente siguiendo su naturaleza. Si esto es así, la enfermedad puede desaparecer naturalmente y no antinaturalmente, dicho de otro modo, por el bien y no por el mal. Pero si se deja ir (la enfermedad) sin madurar, entonces se crean los flujos, como en la disentería, etc. ¡Qué vergüenza, para todos los médicos, no saber retener las enfermedades en su lugar y hacerlas madurar y expulsar lo que ha madurado! Contrariamente a lo debido expulsan lo que es inmaduro. Ellos arreglan una cosa en un lugar, y en otro lugar algo se corrompe. ¡He aquí su arte!

Sabed que la hidropesía debe ser retenida en su lugar, ya que es digerida y expulsada de manera natural, aunque haya otras vías para ella. Una vía es apropiada a la naturaleza del imán, otra es apropiada a su naturaleza. Sin embargo, dado que llegamos al hecho que hay muchos medicamentos para una misma enfermedad, siendo cada una de ellas diferente de la otra, hay que considerar lo que puede la naturaleza y por qué camino. Y esta curación no es solamente válida para las enfermedades del cuerpo, sino que también lo es para las enfermedades quirúrgicas, pues el imán hace que la fractura sea mantenida en su lugar y que el *exitus* sea curado. El imán atrae la supuración de las llagas abiertas hasta su lugar y la expulsa luego mediante su orificio, todo en el momento conveniente y no en otro. Sólo el imán retiene, por lo tanto, una cosa en su lugar.

Luego siguen los remedios auxiliares que obran en el mismo lugar donde tienen que hacerlo.

Indicaciones particulares de Teofrasto
para el uso del imán en toda enfermedad

Para que sepáis cómo emplear el imán, aprended primeramente que tiene un vientre y una espalda para atraer o repeler. He aquí una enseñanza sobre los flujos de las mujeres, para que permanezcan retenidos en su lugar: se debe colocar la espalda la final de la línea, el vientre al principio, las dos partes han de ser dirigidas la una hacia la otra con su concavidad. Y esto no solamente para los flujos menstruales rojos y blancos, sino también para todos los flujos del vientre, cualquiera que sea su naturaleza y la dirección que toman. De este modo, los dos *profluvia* permanecen retenidos en su centro. Después de lo cual es necesario emplear medios de maduración de las enfermedades y de los medios de digestión que a semejanza del estómago no quiere cocer nada y deja que se vaya la comida no digerida, entonces, gracias a los medios mencionados, es retenida hasta que el estómago la lleva a una digestión correcta y ella sale de allí de una manera natural (lo que es natural no puede ser retenido, solamente lo que no lo es y ello hasta que se vuelva natural). Lo que debe ocurrir con la matriz, para que toda cosa, perfectamente, alcance su cocción natural y salga según el orden de la naturaleza.

Ahora tomad nota de este añadido: que se tomen los remedios idóneos para la digestión del estómago y de los intestinos. Lo mismo para la matriz. Remedios que no es necesario presentar aquí pues, como imagino, los conocéis suficientemente.

Lo mismo ocurre para la asfixia de la matriz. Yo no hablo más que del lugar donde ella quiere ir. Se la debe atraer por debajo mediante el vientre del imán, el cual, en este lugar, debe mirar hacia arriba y ser colocado por debajo, la espalda por encima. Así, una matriz permanece en su centro y no se levanta. Llevada a su centro luego hay que emplear medicamentos específicos y apropiados como mica negra, Corallorum Perlae y otros semejantes. Entonces no ocurre nada más y la curación es perfecta.

Y de la misma manera tenéis que comprender la epilepsia y todas sus variedades, a saber, de dónde suben y cómo ella va hacia la coronilla. Hay que colocar el imán con el vientre hacia abajo y la espalda hacia arriba y estirar con la espalda; y no solamente en este lugar, sino también en el más bajo de todas las ramas del hombre, los vientres colocados sobre las cuatro vías, pero una sola espalda para estas cuatro. La enfermedad es entonces expulsada de la cabeza hacia el centro.

He aquí el añadido: emplead Triagummatum para corroborar desde el exterior, luego dad el Esse essensificatum y también cardiotónicos. De este modo, vosotros, médicos y no médicos, tenéis que saber y comprender que de esta manera toda epilepsia se curará entre los jóvenes y los viejos. ¡Y este párrafo es mucho más importante que todo lo que los humoralistas, tanto los primeros como los de hoy en día, han podido escribir o enseñar durante toda su vida en sus academias! Y si todos esos médicos hubieran sido más honrados y más doctos, en lugar de comadrear como cocineros sin ninguna coherencia y sin originalidad, sólo empleando el imán, habrían obtenido más que todos los chochos de las academias. Hay suficientes imanes en Alemania y los quieren hacer venir por mar de otros países, sin querer ver los remedios que están delante de su puerta. Son presbitas, lo descuidan todo, desconociendo todo lo que hay más allá de los mares y aquí: ¡sus discursos vacíos lo demuestran!

Este mismo tipo de tratamiento también es válido para curar un espasmo. Si se dirige hacia su origen, entonces, es necesario emplear el Oleum salis. Actúa de la misma manera con la espalda del imán en caso de tétanos. Es el mejor remedio contra el espasmo, sobre todo entre las mujeres embarazadas.

Numerosos son los médicos de los tiempos antiguos y numerosos sus sucesores que han hablado del cambio de los flujos que se asientan en los ojos, en los oídos, en la boca, en los miembros exteriores, etc., y que se abren allí sus propias salidas mediante las fístulas, agujeros y úlceras. ¡En verdad la empresa de los antiguos no es más que una carnicería! Jamás han pensado ni han hablado del principio fundamental que es llevar (el mal) a su centro. Solamente han actuado mediante purgas y lavativas. El primer y principal remedio para mover las supuraciones es el imán. Dependiendo de la naturaleza del lugar, debe ser colocado la espalda hacia el centro o el vientre hacia el centro, de esta manera toda supuración viene a su centro, importando poco su orificio natural de salida. Y es en este mismo centro donde debe ser rectificado, digerido y madurado, para luego, una vez maduro, ser expulsado del centro. ¡Id con cuidado, vosotros que os perdéis en medicina, puesto que queréis invertir los flujos cuando no están maduros! Sin embargo, no existe un flujo que se deje arrastrar de un lugar a otro a menos que haya madurado en su lugar de origen. Vosotros tenéis que apreciarlo. ¿Cómo queréis atraer el flujo hacia su lugar de origen? ¿Purgándolo? ¡Ello es imposible, no lo llevaréis más lejos que el culo y sale del culo sin madurar y en mal momento! Estropeáis así todas las enfermedades. He aquí el añadido: cuando la supuración está en su lugar de origen, ha de ser llevada a madurez. Esta maduración se lleva a cabo mediante el Esse essensificatum proveniente del tártaro (lapidibus viri), según la preparación indicada en el *Lumen Expertum*. Así es como tienen que ser curadas las úlceras en las piernas, el cáncer y otras enfermedades semejantes, las fístulas, etc. Únicamente Noli me tangere y Tentigo

Prava forman una excepción, no importa el lugar donde se sitúen en el cuerpo.

Esto también es válido para detener la hemorragia. No importa de dónde venga, siempre hay que tomar el centro del punto de origen; y se debe dirigir el vientre del imán de manera a que traiga a él la sangre; y la espalda hacia el lugar donde se le arrastra.

Ahora explicaremos los añadidos: administrar las pociones oportunas a fin de dirigir la sangre hacia su centro y detener la ebullición semejante al agua que hierve en una olla y que debe ser enfriada; entonces, ella se apacigua, lo mismo ocurre en el caso mencionado. Desde mi punto de vista, es necesario añadir Aqua Cordis, cada cual recurrirá a su experiencia, ya que es libre de hacerlo. ¿Qué puede emprender un médico que no tiene ninguna experiencia y que no es capaz de hacer nada? Su único arte consiste en copiar libros ya copiados y que jamás han tenido ningún fundamento.

Lo mismo ocurre para curar las hemorroides. Pues sin este método —maduración y refrigeración— no existe ninguna curación perfecta; todo está sellado con algo frágil, como han hecho los otros escribas en sus hechos y gestos.

Me ha gustado escribir sobre los imanes basándome en la naturaleza y sus poderes, tal como la naturaleza indica y demuestra. Puesto que ella misma se entrega y revela sus poderes. ¿Por qué aquéllos a quienes les han sido confiadas las facultades médicas no quieren empezar a cavar la experiencia? Porque allí donde acaba el filósofo empieza el médico. ¿Acaso no es el verdadero filósofo aquel que sabe lo que el imán mismo le muestra? ¿Acaso no debería el médico seguir cuando el filósofo se detiene? La naturaleza produce un árbol. Luego para de actuar como filósofa. ¿Cuál es el paso siguiente? El carpintero. Este último hará con el árbol una casa; un ebanista hará un arcón; un tornero una copa; un escultor una figura. Tal es el deber del médico que debe seguir esta indicación y seguirla más lejos, siguiendo lo que contiene la demostración de la naturaleza. De la misma manera como un árbol es útil para muchas cosas y no para una sola, en medicina una cosa es adecuada para muchas enfermedades. El imán no es solamente bueno para las enfermedades mencionadas, sino que vuelve a colocar a la hernia en su lugar y cura maravillosamente todas las fracturas en los jóvenes y los adultos; extirpa la ictericia, retira la hidropesía con los añadidos convenientes y de los cuales sería necesario hablar mucho. Es el mismo procedimiento cuando atrae y cuando repele. Deja digerir en el lugar apropiado, y consolida la hernia en el escroto, etc. Pero como todo esto está claro en la práctica, es inútil masticarlo para introducirlo en el morro de los ignaros.

ESTUDIO SOBRE PARACELSO*

* Publicado en *Revue d'Histoire et de Philisophie religienses*, 1933.

En su época –época tan curiosa, tan viva y tan apasionada–, pocos personajes han dejado una obra que tuviese una resonancia mayor, una influencia más considerable; nadie provocó luchas más ardientes que la obra y la persona de Teofrasto Bombasto Paracelso, o, como a veces él mismo se denominaba, Aureolus Theophrastus Bombastus Paracelsus,[1] doctor en Medicina, doctor en Teología, doctor *utriusque iuris;* pocos personajes hay que hayan conocido una admiración tan grande, un odio tan implacable como este personaje desconcertante; pocos personajes también sobre cuya obra y cuyo pensamiento conozcamos menos que sobre los suyos.[2]

---

1. Sobre el nombre de Paracelso, véase el prefacio de K. Strudhof en el volumen VIII de su notable edición de las *Obras completas,* de Paracelso (T. Paracelso, *Gesammelte Werke, Abt. I: Medizinische Schriften,* 13, vol. 8.º, Múnich, 1920-1931).

2. La biografía de Paracelso aún no ha sido escrita. Solamente ahora, tras los trabajos y los descubrimientos de K. Strudhof, se puede pensar en escribir una biografía que no sea –como todas las que hasta el presente se han escrito– una mera biografía novelada.

¿Quién era este vagabundo genial? ¿Un esclarecido sabio que en su lucha contra la física aristotélica y la medicina clásica habría sentado las bases de la medicina experimental moderna? ¿Un precursor de la ciencia racional del siglo xix? ¿Un médico erudito y genial, un charlatán ignorante, vendedor supersticioso de drogas, un astrólogo, un mago, un alquimista, etc.? ¿Uno de los espíritus más notables del Renacimiento o un heredero tardío de la mística de la Edad Media, un «gótico»? ¿Un cabalista panteísta, adepto del neoplatonismo estoico y a la magia natural? O por el contrario, ¿es «el médico», por excelencia, es decir, el hombre que inclinándose sobre la humanidad sufriente habría encontrado y formulado una nueva concepción de la vida, del universo, del hombre y de Dios?[3] ¿Un espíritu profundamente cristiano que en la soledad de las montañas suizas habría intentado una «reforma» a su modo y predicado una religión evangélica, muy pura y muy elevada, una religión mística, sin clero, sin dogmas y sin ritos? ¿O, por fin, un cristiano que pese a todas sus opiniones a menudo heterodoxas o incluso heréticas habría permanecido fiel a su Iglesia y habría preferido, por último, el catolicismo a las nuevas Iglesias protestantes?

Todas estas opiniones se encuentran en la dilatada literatura paracélsica, sin contar los escritos de los teósofos y ocultistas de todo tipo que ven en Paracelso uno de sus grandes maestros, uno de los adeptos de la ciencia secreta, y que intentan demostrar la identidad de su enseñanza con la de los «sabios filósofos de la India»; lo único que no se encuentra es un análisis riguroso y paciente de sus ideas, del mundo en que vivía, del mundo de ideas en que se movía su pensamiento.

---

3. Tal es la opinión de B. Groethuysen, en su notable *Philosophische Anthropologie* (Handbuch der Philosophie Bd. III). Múnich, 1931. Traducción al francés, París, 1954.

Evidentemente, no pretendemos, en las pocas páginas que van a seguir, reemplazar esa monografía que falta; lo que tratamos de hacer consiste en dar un esbozo rápido de su *Weltanschaung*. También renunciaremos a todo estudio de fuentes y de influencias, así como al establecimiento de relaciones y de paralelismos.[4]

Cuando se aborda el estudio de un pensamiento que no es el nuestro, lo más difícil –y lo más necesario– es, como ha demostrado admirablemente un gran historiador, no tanto captar lo que no se sabe y lo que sabía el pensador en cuestión como olvidar lo que sabemos o creemos saber. Nosotros añadiríamos que a veces es necesario no sólo olvidar verdades, que se han convertido en partes integrantes de nuestro pensamiento, sino también adoptar ciertos modos, ciertas categorías de razonamiento y de búsqueda, tan válidas y también tan seguras como lo son para nosotros los principios de la física matemática y los datos de la astronomía.[5]

Olvidando esta precaución indispensable, buscando en Paracelso y en los pensadores de su época los «precursores»[6] de nuestro pensamiento contemporáneo, planteándoles cuestiones en las que jamás pensaron y a las que jamás intentaron responder, se llega, en nuestra opinión, a desconocer profundamente su obra y a encerrarlos en los dilemas que, si bien

---

4. Nuestras citas están tomadas de la edición de Huser, in-4.º, Bale, 1589. Como asegura K. Strudhof, Huser es digno de toda confianza.

5. Habría que admitir además el principio de equivalencia de la parte y el todo, principio cuya importancia para el pensamiento primitivo ha sido establecido por L. Lévy-Bruhl, y por Hegel para el pensamiento metafísico.

6. Es incuestionable que Paracelso ha sido un «precursor». Pero ¿un precursor de quién? Esta pregunta sólo puede ser contestada tras haber efectuado un estudio de Paracelso. La manía de descubrir «precursores» a menudo ha falseado irremediablemente la historia de la filosofía.

son contradictorios para nosotros, no lo eran, probablemente, para ellos.[7]

Antes nos hemos preguntado si Paracelso fue esto o aquello. Nos parece que no fue ni esto ni aquello, o si se prefiere, que fue esto y aquello. Con toda seguridad, estuvo profundamente influido por el naturalismo hilozoísta y mágico del Renacimiento y muy probablemente también la mística alemana tenía en él un adepto convencido. Combatió violentamente la ciencia médica de su tiempo y proclamó la validez y la necesidad de la «experiencia»; pero la experiencia que él preconizaba no tenía nada en común con la experiencia tal como nosotros la entendemos en la actualidad. Combatió la alquimia y la astrología,[8] pero no porque no creyese en la influencia de los astros o en la posibilidad de fabricar oro. Al contrario: la influencia de los astros era para él algo tan seguro y tan fuera de duda como la vida del mundo; era, además, el único medio de explicar razonablemente la producción y la propagación de las enfermedades epidérmicas; y en cuanto a la transmutación de los metales, ¿cómo podía él, discípulo de Tritemo, dudar de su posibilidad, él, que había trabajado en las minas de los Füger, que había *visto* cómo «crecían y se desarrollaban los metales»?[9]

La alquimia y la astrología con sus conceptos clave de *Tinctur (tinctura)* y de *Gestirn (astrum)* eran para él los fundamentos

---

7. Para evitar malentendidos, debemos decir que no admitimos la variabilidad de las formas del pensamiento ni la evolución de la lógica.

8. Paracelso admitía la influencia de los astros sobre las enfermedades e incluso la posibilidad de utilizar los astros para los maleficios. Sólo estaba en contra de la astrología judiciaria, y esto porque atribuía a los astros efectos generales, individualmente diversificados por la distinta receptividad de los individuos, y no por efectos individualizados en ellos mismos.

9. La creencia en el crecimiento de los metales fue absolutamente general desde la antigüedad hasta el siglo XVII. Cf. O. Lippmann, Entstehung and Ausbreitung der Alchemie, Leipzig, 1925.

mismos de su ciencia, de la ciencia del médico, las dos columnas maestras que sostenían el edificio de la *philosophia sagax.*

No nos extrañemos: Paracelso era hombre de su tiempo y en su época todo el mundo creía tanto en la transmutación de los metales como en la influencia de los astros; vayamos más lejos aún: era en nuestra opinión perfectamente lógico creer en ello[10] y Paracelso dio realmente muestra de espíritu crítico al no querer admitir la influencia de los astros más que para explicar fenómenos masivos como epidemias, etc. Quienes no admitían la influencia astral no iban por delante de su tiempo. Tenían sentido común, pero ningún pensamiento auténticamente científico. La crítica de la astrología judiciaria se apoyaba en razonamientos teológicos, en la noción del libre albedrío, en consideraciones sobre la identidad del lugar y de la hora del nacimiento de personas diversas: lugares comunes repetidos hasta la saciedad desde la antigüedad.[11] Paracelso, por otra parte, admitía todo cuanto estaba bien fundado.

Theophrastus Bombastus no era excesivamente sabio; nada en sus escritos ni en su vida permite suponerle posesor de la ciencia libresca de su época. Evidentemente, tenía estudios. Se había licenciado incluso como doctor en Medicina por Verona.[12] Pero no parece haber ido mucho más allá. Tanto en sus

---

10. Duhem, en efecto, ha hecho ver que la astrología era un sistema perfectamente razonable y racional, y que antes de Copérnico, creer en la influencia de los astros era inevitable para todos aquellos que buscaban y admitían un determinismo científico en la naturaleza. La cosmología de Aristóteles, por no examinar más que un ejemplo cualquiera, conduce necesariamente a la astrología. Cf. también F. Boll, Sternglaube und Sterndeutung, 3.º ed. Leipzig, 1926.

11. Véase el libro de F. Boll, citado más arriba, así como el de Franz Cumont, *Astrology and religion among the Greeks and Romans,* Nueva York, 1912.

12. Este hecho, puesto en duda durante mucho tiempo, fue probado definitivamente por K. Strudhof, quien encontró pruebas en los Archivos de Verona. Véase Paracelso, *Obras,* vol. VIII, pág. XXXVII.

clases como en la práctica es un empírico. Lo más evidente de su saber provenía –lo dice él mismo– de aquellas viejas mujeres, semibrujas, que encontraba en su camino; de las prácticas populares; de las recetas tradicionales; de los medios utilizados por los barberos de pueblo; de los métodos de laboratorio de los que se servían los mineros, los fundidores de oro y de plata. En realidad, era un *chyrurgus,* un hombre de práctica, de oficio; no de estudio. Además, empleaba un dialecto germánico, abandonando el latín[13] en sus cursos y escritos, no tanto por patriotismo o por convicción de hombre moderno cuanto porque no podía hacerlo de otro modo: quienes le escuchaban y le seguían no sabían suficiente latín.

Paracelso constituye una de las aventuras más curiosas de la historia del pensamiento. Una fantasía abundante, exuberante incluso, una pasión por saber y una curiosidad apasionada por el mundo, la realidad concreta, la realidad viva, se habían encarnado en su genio –genio bárbaro, pero genio al fin y al cabo– y la disolución de la ciencia medieval había provocado en él, más que en cualquier otro de sus contemporáneos, un renacimiento y una revivificación de las supersticiones más primitivas; la mitad de lo que enseña no es otra cosa que folklore vestido de nombres extraños que, con una alegría infantil e ingenua, inventa a propósito e incluso fuera de propósito, de nombres a los que da raíces y terminaciones «latinas» y «griegas»:[14] feliz de poder oponer a la terminología sabia de sus

---

13. En los trece volúmenes publicados por K. Strudhof, el curso dictado en Bfüe, en 1527, está sólo en latín (véase vol. IV, págs. 1-131).

14. Toda la fauna de los cuentos populares se encuentra en Paracelso. Los *Evestra, Larvae, Leffas* y *Mumiae* provienen del folklore. Son aparecidos, espíritus de muertos, etc. En el fondo, los espíritus están «hechos» de materia astral. Paracelso cree en los amuletos, en la eficacia de las fórmulas mágicas, sabe cómo actuar ante las serpientes y cómo captar la influencia de la luna. Si se quisiera hacer una

contemporáneos y rivales una terminología todavía más abra-
cadabrante.[15]

Y tanto el espíritu del Renacimiento como el de la Reforma se unían en su alma –no el del Renacimiento literario y
sabio, ni el de la Reforma teológica– como se unían en el alma popular de la época. La inquietud perpetua, que no le
dejaba jamás parado –siempre le vemos viajar y vagabundear
por el mundo–, su carácter batallador, agresivo y jactancioso[16]
y la curiosidad apasionada le impulsan a verlo todo, a saberlo
todo, magia, astrología, teología, ver el mundo y las gentes,
conocer todas las diversidades de criaturas humanas, conocer
el universo, conocer al hombre, rey y señor de la creación que
quiere aprenderlo todo, pero no en los libros, no en esa sabiduría muerta y envejecida de los sabios oficiales, de los médicos de bonete puntiagudo, sino en el mundo, en la realidad,
en la vida y la naturaleza, donde busca sus enseñanzas y sus
maestros.

Además, ¿no se ve que esos doctores de bonete puntiagudo,
asnos ignorantes que no hablan más que de Avicena y de Rhasés, de humores y cualidades, no saben nada? Se apoltronan en
sus cátedras y se envuelven en largas hopalandas, hacen nego-
cios chanchulleando con los farmacéuticos, prescribiendo re-

---

lista de sus creencias, sería inacabable. *Adelung, Die Geschichte der menschlichen
Dummheit*, Berlín, 1784; Jensen, *Deutschland im Zeitalier der Refonnation*,
vol. VI, Leipzig, 1905; Lehmann, *Geschichte des Aberglaubens*, Leipzig, 1906,
han reunido un número considerable de ellas. Por otro lado, una vez más repe-
timos que Paracelso no era el único en creer en ellas.

15. Paracelso se vanagloria de ser «sencillo», de haber crecido en la miseria y de no
deber su saber más que a sí mismo.

16. Paracelso se proclama el «Monarca» de la nueva ciencia. Aristóteles, Avicena,
Rhasés no son dignos de atarle las sandalias. Éste es un rasgo típico de la época.
Giordano Bruno o Campanella tampoco pecaron de modestos.

medios costosos y complicados,[17] arrancando por la fuerza el dinero a los pobres; ¿saben acaso curar? No, ni siquiera curan. ¿Saben acaso qué es la naturaleza y cómo se utilizan sus fuerzas? No, el último campesino, ¡qué digo!, el último perro sabe más que ellos; sabe que la naturaleza ha dispuesto sabiamente remedios específicos a todas las enfermedades y que sólo se necesita saber cuándo y cómo emplearlos. Estos sedicentes doctores no son más que heréticos e impíos; con sus remedios quieren dominar la naturaleza y no saben que la naturaleza cura por sí misma, que el deber supremo del médico, su único deber, consiste en ayudarla en su lucha contra la enfermedad, ser un *aliado* de la *vida,* no su *dueño.*

La vida y la naturaleza, he ahí los grandes temas de la filosofía paracélsica, así como de toda la filosofía del Renacimiento; la vida y la naturaleza, o mejor, la vida-naturaleza, porque la naturaleza es vida, y la vida es la esencia más profunda de la naturaleza.[18] El mundo está vivo, vivo en todas sus partes, peque-

---

17. Paracelso no erró en sus ataques. Es suficiente abrir un libro de medicina de la época para aceptar la mayoría de sus críticas. La farmacia de los siglos xv y xvi era una cocina repugnante, que en la preparación de sus remedios incluso llegaba a utilizar el polvo de momia *(numia).* Y en lo que concierne al acuerdo de los médicos con los farmacéuticos, parece que fue la regla normal. Los remedios de Paracelso son relativamente simples. Fue él quien introdujo en la práctica los remedios metálicos y el opio. Éste es el único progreso real que, al parecer, aportó a la ciencia médica.

18. Paracelso, *De vita rerum naturalium,* libro IV; *Obras,* vol. VI, pág. 276: «Dessshalben sollt ihr wissen das der Spiritus eigentlich das Leben und der Balsam ist, aller corporalischen dingen... Nuhn ist das Leben des Menchen anders nichts, dann ein Astralischer Balsam, ein Balsamische Impression, ein himmelisches und unsichtbares Fewt, ein eingeschlossene Lufft und eintingirender Salzgeist. Anders und deutlicher kann man es nicht nennen». Ibíd., 277: «das Leben aber "Argenti vivi" ist anders nichts las ein innerliche Hitz und ein ausserliche Kelte... und mag wol billich einem Belz vergleichet werden, der auch wie des "Mercurius", beidi wermet und keltet». Vemos aquí que Paracelso

ñas o grandes, y no hay en él nada que no lo esté: las piedras y los astros, los metales, el aire y el fuego. Todo está vivo y el universo en su totalidad es un río eterno de vida. Ese río se propaga y se rompe en corrientes aisladas y múltiples; las corrientes se encuentran, luchan, se combaten, y todos proceden de una sola y misma fuente y vienen a perderse en un mismo océano de vida.

No fue en los libros ni en las doctrinas de los filósofos clásicos donde Paracelso aprendió su «sentimiento de la naturaleza»; no es en el estoicismo, ni en la cábala, ni en el neoplatonismo de la academia florentina donde se hallan las fuentes de su «filosofía»; no es tampoco en Pico della Mirandola, ni en Reuchlin, ni en Agrippa de Nettesheim, donde fue a buscar los elementos, aunque, por supuesto, las lecturas, las tradiciones, las doctrinas, todo fue utilizado por él para desarrollar su imagen del mundo; fue sobre todo en sí mismo –como, por otro lado, ocurre con el Renacimiento en todas partes– donde había encontrado la imagen del mundo que le obsesionaba.

Para Paracelso, y en esto no es más que hijo de su tiempo, la naturaleza no es ni un sistema de leyes ni un sistema corporal regido por leyes. La naturaleza es esa fuerza vital y mágica que sin cesar crea, produce y lanza al mundo niños. La naturaleza lo puede todo, porque ella es todo, o todo cuanto pasa y todo cuanto se crea en el mundo es naturaleza y lo produce la naturaleza.[19] La naturaleza es comparable al hombre, a ese cachorro

---

adopta la noción de las cualidades «ocultas» opuestas a las cualidades exteriores. Esta unión de contrarios en el ser concreto se encuentra ya en la antigüedad, véase L. Thorndyke, *History of magic and experimental science,* Nueva York, 1923, vol. I, págs. 317 y ss.

19. La «naturaleza» paracélsica, como en general la «naturaleza» de los filósofos del Renacimiento, es vida y magia. J. B. Porta, al escribir su libro *Magia naturalis,* no hizo más que expresar el sentimiento común. La magia es natural, porque la

interior que en nuestra alma hace surgir los pensamientos, los deseos, las imágenes. Pero nuestros deseos, nuestros pensamientos, aunque profundamente distintos entre sí, aunque combatiéndose mutuamente en nuestra alma, son, no obstante, alimentados por ella; todos llevan su sello, todos forman parte del alma y, distintos del alma, no son el alma. Ocurre exactamente como en los seres vivos –y todos los seres lo son–: son «productos naturales», «hijos» de una única y misma fuerza vital y mágica que está presente en todas partes, en todos y en todo, que está en cada uno de ellos y no es ninguno.

No fueron, en nuestra opinión, razonamientos especulativos los que llevaron a Paracelso a su panvitalismo mágico, igual que ocurrió con la mayoría de los contemporáneos. Al contrario, fue la vida exuberante, cuyas pulsaciones sentían en sí mismos, la actitud nueva hacia esa vida que, única en el desorden y en el desmoronamiento de las instituciones, de las doctrinas y de las creencias, a pesar de todo y contra todo, mantenía su fuerza y su vitalidad; esa vida era la que les hacía buscar razonamientos especulativos para proporcionar un basamento racional a lo que no era otra cosa que una actitud del espíritu. Actitud del espíritu –¿o del alma?– que no se oponía al mundo, sino que vivía con él, que *sentía* su parentesco con él, que se veía antes que nada como una parte del mundo, del universo, que, incluso oponiéndose, no podía olvidar los lazos vitales que la vinculaban a él. Actitud de un alma que, en pocas palabras, vivía más que pensaba y que vivía tanto en el cuerpo como en el espíritu.[20]

---

naturaleza es mágica. Y ésta es la razón por la cual el Renacimiento es una época de credulidad sin límites. En efecto, ¿cómo saber lo que es posible y lo que no lo es? ¿Acaso no es todo posible para la magia de la naturaleza? ¿Cómo saber lo que puede producir la acción mágica de los astros, o de los elementos? La «experiencia se convierte así en el fundamento más seguro de la superstición».

20. No hay cuerpo sin espíritu, pero tampoco hay espíritu sin cuerpo.

Y razones especulativas, por poco que se molestasen en buscarlas, no faltaban. No había más que echar mano del venerable principio del razonamiento por analogía en un sentido vitalista para, procediendo como en buena lógica se debe hacer, de lo conocido a los desconocido,[21] llegar a la no menos antigua y no menos venerable doctrina del hombre *microcosmos*[22] centro, imagen y representante del mundo, libro en el que se contienen, y donde pueden leerse los secretos y las maravillas del *macrocosmos* o del *macrantropos*.[23] No había más que volver a tomar desde este punto de vista la doctrina clásica del hombre, imagen y semejanza de Dios, para formarse, razonando analógicamente, una imagen coherente del universo, *cuerpo* visible del espíritu invisible, *expresión* tangible de fuerzas inma-

---

21. Esto no impide a Paracelso reconocer que el alma y el hombre son más difíciles de conocer que la naturaleza exterior. Una de las mayores ventajas de la doctrina del microcosmos es que permite invertir la dificultad al estudiar el «gran mundo» antes que el «pequeño» y explicar al hombre por analogía con el universo. Es una de las razones por las cuales la astrología es necesaria para el médico. Lo cual no impide al hombre continuar siendo la base y el prototipo de todo conocimiento. ¿Acaso san Agustín no dijo: «valde profundus est ipso homo»?

22. Paracelso, *De generatione stultorum, Obras*, IX, pág. 29: «(Der Menchs) aus dem Limbo ist gemacht worden und derselbige Limbus ist all Creaturen Art und Eigenchaft gesein, und in ihm gehabt, drumb auch der Mensch Micromosmus gebeissen soll werden».

23. Paracelso, *Liber Azath sive de ligno et linea vitae, Obras*, vol. X, a I, pág. 3: «also ist am ersthen noth, anzuzeigen das Buch dem die Buchtaben der Geheimnuss sitchtlicht, erkenntlich, greifflich und aussdrücklich geschrieben seindt, dass man alles so man zu wissen begert, besser in diesem oder eben demselbigen Buch geschrieben findet durch den Finger Gottes, dann sonst nimmermehr in keinem anderen Buch geschrieben funden kann werder. Und sonst bleiben femer alle Bücher todte Buchstaben gegen diesem Buch, wenn es recht gelesen wirdt. Das alles soll also in keinem anderen Buch verstanden und gesucht werden, dann allein im Menschen, das ist das Buch, darinnen alle Heimlichkeinten geschrieben stehen».

teriales.[24] En efecto, ¿cómo conocer algo de lo que se estuviera completa y perfectamente alejado? Conocer, ¿no es acaso asimilar, no es volverse en cierta forma idéntico al objeto o a la persona que se quiere conocer? Una vez más, en este punto la tradición concordaba perfectamente con la sabiduría popular. Nadie puede entender lo que no ha experimentado por sí mismo, nadie puede comprender a otro si no puede, en cierta medida, identificarse con él, hacer revivir en sí mismo sus sentimientos, ponerse en su lugar, sentir como él. No hay conocimiento sin simpatía, y no hay simpatía sin semejanza. Sólo el semejante conoce a sus semejantes; por eso nosotros podemos conocer en nuestro interior lo que es semejante fuera de nosotros mismos.

* * *

El hombre abarca[25] todo: el mundo sensible y material, los astros y Dios. Por tanto, debe tener partes, elementos constitutivos que corresponden a los tres grados del universo: el universo material, el universo astral y Dios. Porque, de hecho, el hombre es triple, está compuesto de cuerpo, de alma y de espíritu.[26] Es un auténtico microcosmos: además, hasta la Escritura

---

24. Paracelso, *Phylosophia sagax,* libro I, cap. 2; *Obras,* vol. X, pág. 261: «Gott zweierlei Geschöpf beschaffen hatt: ein ungreiflichs und greiflichs: Das ungreiflich Geschi'o seind die Engel unnd Geist, das greiflich seind die Menschen, so nach Gott gebildet seindt. Also ist ein Geschïof in seinem Leibgar ein Geist, und der Leib ist ein Geist zu dem das der Engel ein Geist ist. Also ist der Mensch sichtig und greiflich und sein unsuchtbarer Leib dergleichen Corporalisch, von wegen der anderen Elementischen *Corpora*».

25. Abarcar en el sentido de comprender.

26. Paracelso, *Phylosophia sagax,* libro 11, && 1; *Obras,* vol. X, pág. 263: «Nun weither von der Geburt der Seel zu reden (dann ein anders ist die Seel, ein anders der Geist) wissendt am ersten dass zwischen der Seel und dem Geist die

lo afirma: ¿no se ha dicho, en efecto, que el hombre fue creado del limo de la tierra, y no es evidente que con este término «tierra», el Génesis significa el mundo, el universo entero?[27] Por tanto, el hombre ocupa en realidad una posición de privilegio; según la Escritura, ha sido creado a «imagen y semejanza» de la divinidad; y también ha sido creado a imagen y semejanza del mundo. Y si se examina más de cerca, veremos que la imagen y la semejanza de Dios no son otra cosa que el espíritu, mientras que el alma y el cuerpo representan el universo, del que, además, han sido hechos. Alma, cuerpo y universo se corresponden con toda exactitud; es posible establecer una relación precisa entre los componentes del organismo humano y el del organismo del mundo. Se puede determinar a qué organismos corresponden los planetas, porque es evidente que los planetas y las constelaciones juegan en el universo el mismo papel que los órganos internos en el organismo: así como unos regulan y dirigen la marcha del universo, así los otros regulan y dirigen la vida, el desarrollo, el crecimiento e incluso la muerte del individuo.[28]

Untercheidt die ist. So der Geist dem Fleich eingeben ist so heisst es nicht ein Seel, das ist der Geist, der nach der Formirung des Menschen einegeblasen ist von Gott… (der Naturgeist… wird hie nicht vertanden) die seekist *Centrum* dess Menschen in welchem alle andere Geist ietzt ehonen, gut und bös… Der Leib ist ein Hauss der Seel, die Seel ist ein Hauss d'Geisten… Die Seel entsspringt vom Wor Gotter, die ist sein Wort… darnumb lebt sie evig… den Leben ist Fewer».

27. Paracelso, *Philosophia sagax, Obras,* vol. X, pág. 28: «Limus Terrae ist ein Auzug vom Firmament und allen Elementen».

28. Paracelso explica que el «Astrum» interior del hombre está regulado como un reloj. Tiene un número determinado de revoluciones que dar, y la vida humana tiene, por consiguiente, una duración natural, determinada individualmente para cada hombre. Por otro lado, la concepción vitalista de la evolución exigía un término natural a esta evolución. Cuando el hombre muere antes de su término, continuaba Paracelso, cuando la fuerza vital no es totalmente empleada

No hay que olvidar, sin embargo, que todo en este mundo es doble: visible y tangible, por un lado; por otro, invisible e intangible.[29] En el hombre (haciendo, por ahora, abstracción del espíritu) hay un alma invisible que gobierna, dirige y habita el cuerpo visible y tangible. Y lo mismo sucede con el universo: detrás de este universo corporal, detrás de este mundo visible y tangible de la tierra y de los cielos, hay una entidad invisible e intangible, *Gestirn* o *Astrum*, que en relación con el universo desempeña el mismo papel que el alma desempeña con el cuerpo. Hay que ir más lejos: el *Astrum*, el *Gestirn* es, en efecto, el alma del mundo que lo habita, lo dirige,[30] lo conduce

---

(*verbraucht, abgelaufen*), ocurre que el resto se «encarna» en el cuerpo astral, formando una «*numia*» que posee propiedades vitalizadoras utilizables en medicina. Por un lado, además, los espíritus de los ejecutados frecuentan los lugares donde fueron colgados o decapitados (Paracelso lo comprobó por sí mismo, pues, como él mismo decía, quejándose, «Todos mis alumnos me han tomado por el verdugo»); y, por otro, los objetos que los tocaron y que quedaron impregnados de la fuerza vital no empleada son remedios eficaces. Resulta divertido ver cómo Paracelso «explica» un dato de la superstición popular, así como el uso médico del polvo de momia.

29. Paracelso, *Liber paramirum, Obras*, I, pág. 73. Cf. *Philosophia Sagax*, vol. X, pág. 16: «Wie ietzo gemelt ist das *Machina Mundi* fabricirt ist in zwei theil: in einem greiflichen unnd empfindlichen: Der ander Theil ungreifbaren und unempfinddlichen. Der Greiflich ist der Leib, der unsichtbar das Gestirn. Das greiflich: ist gesetz auss dreien Stücken, auss Sulphure, Mercurio und Sale: der ungreiflich ist auch in drey gesezt, in das Gemüth, Weishet und Kunst und sie beide seind gesetzt in das Leben… Und alles vom Gestim … Aber die Bildniss Gottes nicht».

30. Paracelso, *Ein ander Erklärung der Gantzen Astronomey, Obras*, vol. X, pág. 448: «Die gantze *Machina Mundi* is getheilt in zween Theil: In ein greifflichen Leib, und in eins unsichtbam Leib. Das sichtbar und greifflich das ist Corpus der Welt das do stecht in den drei ersten *Sulphure, Mercurio, Sale*. Das ist nun der *Corpus* der Welt und ist Elementisch und die Elementen sind das *Corpus*… dasjenig das nicht das greiflich *Corpus* ist sondem ungreiflich und auch unsichtbar, ist dar Gertirn… in den Zween, dem Leib und dem Gestim ist die Gantze Welt geornet».

y que se expresa por la posición de los «astros» como el alma humana se expresa o expresa sus estados interiores por la mediación de su cuerpo. Es, por tanto, el cuerpo del universo lo que vemos, como es el cuerpo de nuestros semejantes lo que percibimos con nuestros sentidos exteriores. Y así como al percibir el cuerpo «leemos» en el alma que se expresa por ese cuerpo, el universo entero no es más que un libro donde podemos «leer» y que «expresa» la realidad astral. Además, cuanto acabamos de comprobar para el hombre y el universo se encuentra por doquier, porque cada parte del universo reproduce y refleja la estructura inicial del todo. Por tanto, es preciso admitir en todos los cuerpos, incluso en los inertes, en los elementos, en las piedras, en los metales, etc., la existencia de un «alma» invisible que se expresa por los cuerpos materiales. Es, por otro lado, evidente que todos los cuerpos –al igual que el universo entero– han sido construidos y son mantenidos por fuerzas, de las que los cuerpos materiales y los fenómenos exteriores no son más que «cuerpos», «habitáculos», «expresiones».

En esta doctrina, donde todo lo exterior es *Ein Gleichniss,* no hay que ver, sin embargo, el mundo material *como un Glechniss* solamente,[31] símbolo sin realidad propia, sin fuerza ni exis-

---

31. Hay que distinguir cuidadosamente las actitudes y los conceptos del mundo, «revelación natural de Dios», de los racionalistas cristianos de los siglos XI y XII y los de los místicos naturalistas de los siglos XVI y XVII. Los términos, a menudo idénticos, provocan fácilmente una confusión, y, sin embargo, hay una diferencia muy profunda. No se puede decir que para los teólogos filósofos del siglo XII el mundo sea «irreal», ni que para los teósofos del siglo XVI haya sido una realidad independiente de Dios. Para unos y otros, el mundo –*Quodam-modo*– refleja y revela a Dios, pero parece que el «modo» es diferente. El mundo, en el siglo XVI, no es un «símbolo», una «teofanía», un «reflejo» del Creador; es una «manifestación», una «expresión orgánica». Dios está en el mundo no como «el autor está en su obra», sino como «el espíritu está en su cuerpo». No se confunde con el mundo, pero, no obstante, está más «cerca» del mundo, más «dentro»,

tencia real. El mundo y el cuerpo no son puros símbolos, no son imágenes. Paracelso no es idealista. Al contrario, la relación de expresión a fuerza o esencia expresada plantea necesariamente la realidad de dos términos. Lo cual, es cierto, implica y entraña en la concepción del mundo paracélsica una nueva complicación: la acción de los astros sobre la Tierra y sobre nosotros se realiza de dos maneras; en primer lugar, los astros, cuerpos que actúan sobre nuestros cuerpos de igual forma que actúan sobre todos los cuerpos del universo; luego, el alma humana en tanto que tal, influida por el *Astrum,* es decir, por el «alma» de los astros, por el *Gestirn* incorporal.

Además, esta influencia se ejerce en doble sentido. Por un lado, el alma humana sufre la influencia del *Astrum,* y cuando se libera un poco de los lazos del cuerpo se va a «fabular» con el alma del mundo y a relacionarse mediante sueños maravillosos,[32] hecho que se produce especial, aunque no únicamente, durante el sueño. Por otro lado, está la influencia inversa, la del alma humana, que a su vez puede influir en el alma del mundo, puede «sugerirle» ideas y sueños. Ésta entonces las piensa y las imagina por sí misma y, al pensarlas e imaginarlas, las realiza en el mundo. De esta forma, el alma puede dar órdenes a los astros,

---

aunque simultáneamente el mundo se vuelva más «real», más *«in se»,* por no decir más *«a se».* El lazo exclusivamente espiritual (pensamiento y voluntad) se refuerza con un lazo orgánico (alma y vida).

32. Paracelso, *Erkläurung der Gantzen Astronomey,* vol. X, pág. 418: «...so der Mensch ein Syderischen Leib in ihm hatt, der vereinigt ist mir dem ausserlichen Gestirn, und die zwey Fabulieren mit einander, so der Syderich Leib unbekümmert ist vom elementischen. Als im Schalaff so der Elementische Leib ruhet, so ist der Syderische Leib in seiner Operation: als dann kommen die Traum wie das Gestirn operieret, also begegnets».

puede dirigir los acontecimientos, puede incluso, con su ayuda, producir o hacer producir seres nuevos.[33]

Como acabamos de decir, Paracelso no es idealista; lo es tan poco que para él, esta relación del alma con su cuerpo o su «casa»,[34] habitación exterior de una fuerza (principio) interior, es una relación absolutamente general. No hay exterior sin interior, no hay «cuerpo» sin «alma»; pero tampoco hay interior sin exterior. No hay expresión sin sentido, pero tampoco hay sentido, pensamiento, sin expresión. La noción de un espíritu incorpóreo, de un espíritu no encarnado, le parece absurda y, de hecho, el doble punto de vista de Paracelso, el del dinamismo vital y el de la expresión *(signatura)*,[35] hace aparecer la necesidad absoluta de la «encarnación». En efecto, siendo el alma al mismo tiempo una fuerza mágica y un pensamiento, un centro de fuerza y un centro de conciencia, o mejor, un centro de fuerza-conciencia, evidentemente, posee un «punto que esté en él», una región donde se ejercería libremente y a la vez estaría

---

33. Paracelso, *Liber azoth sive de ligno et linea vitae, Obras,* vol. X, app., pág. 23: «Es ist eine gewisse Anzeigung dass die *Anima Mundi* also eine wunderbarliche Arth hat, dass sie alles nach *lmaginiret* was der Mensch newes, zuvor unerhïrtes wirket, macht oder vornimpt … Das alles muss auch die *Anima maioris mundi* mit gebemng einer solchen gleichmassigen Frucht oder *Creatur nachmachen,* es sei wie es wolle, nichts aussgenommen».

34. Paracelso, *Philosophia magna, IV, Obras,* VIII, pág. 124: «Dann das ist kein Element, es muss haben ein Corpus darin er gettragen wird. Der Chaos tragt die lmpressiones, der Element Fewr tragt dem Erdrich sein Frücht, das Erdtrich dem Waser, das Waser dem Lufft, also dasjedes Element dann die Natur einem jeden Kraut seine sonderliehe Farbe in Blumen und Blatten gegeben, un du willst sagen es sei also ohngefähr, und sei die Friicht in dem AnderenElement getragen werden… Und ist alles allein Ein Baum, Ein Ursprung, Ein Wurtzen, von Eim Stammen».

35. Paracelso, *Philosophia sagax,* libro I, 4; *Obras,* vol. X, págs. 38-40: «Hat Farb und From umsonts in einem Kraut anderst, dann im dem anderen: so machst du Gott zum Lügner». Cf. III, 40.

«en sí». Ese «en sí», esa región de dominación *(Haus),* ese dominio donde el ser fuerza habita, que le sirve al mismo tiempo de «punto inicial» y de medios de acción *ad extra,* y de «tejido» en el que y por el cual se expresa, es el cuerpo, primer «producto» del alma.

Tales o análogas son las consideraciones que llevan a Paracelso a desdoblar una vez más las tres «esencias»[36] de las que se compone su mundo.[37] El cuerpo material es perecedero; desaparece, mas el alma, el alma humana al menos, subsiste; sin embargo, tiene necesidad de un cuerpo; de un cuerpo astral, por supuesto. Y el espíritu, que es eterno, ¿cómo pasaría sin un cuerpo espiritual?[38] El cuerpo animado, el cuerpo humano no se contenta con tener como centro dinámico un alma; recibe un doble «espiritual»: el espíritu corporal. Y el mundo paracélsico se complica cada vez más, y las viejas fantasías, los antiguos cuentos populares, los hechos de la experiencia (no olvidemos que en el siglo XVI la magia era una ciencia y las apariciones hechos de la experiencia) vienen a enriquecerlo más. Hay

---

36. Paracelso, *Philosophia magna,* libro l. *De elemento aeris,* 6, *Obras,* vol. VIII, pág. 58. «Wie aber Gott beschaffen hatt die Welt, ist also. Er hatts in ein Corpus gemacht, ausserlich, so weitt die 4 Element gehnd. Dieses Corpus hatt er gesetzt in drey Stück, in *Mercurium, Sulphur* und *Sal,* also da seind drey Ding machen ein Corpus; diese 3 ding machen alles so in den 4 Elementen ist un wird».

37. Paracelso, *De virtute imaginativa, Obras,* vol. IX, pág. 298: «Also muss man den Menschen theilen in zween Leib, in den denwir sehend, und in den den wir nicht sehen».

38. Paracelso, *Philosophia sagax,* I, 3; *Obras,* vol. X, pág. 45: «Also ist ein Corpusmateriali und ein Corpus spirituale, und beyde Natürlich, von der Natur gemacht… So wissent dass ein Massa corporalis auss den vier Elementen in die Hand Gottes gefasst ist worden sichtiger und unsichtiger … und in die Substanz trasmutieret dass ein Bildnuss Gottes darauss worden ist, in welcher dergestimte Leib, auch dieElementischen Corporalitat íhre Operationes vollbrigen sollen: das ist, das sie sollen im Menschen wohnen, mit ihren Virtutibus und Essentiis, und imMenschen dieselbigen erojfnen, und durch ihm in das Werk bringen».

que explicarlo todo, hay que dar cuenta de los sueños proféticos, y de las casas frecuentadas por las apariciones, y de la acción mágica de la voluntad, y del hecho de que se pueda comunicar a distancia, y el hecho de hacerse traer en pleno invierno hasta Berna rosas cubiertas de rocío recientemente cortadas en Valencia.

Paracelso no se preocupa por tan poco. Nadie, además, se preocupa excesivamente en su época. Ni Porta, ni Telesio, ni Agrippa ni Tritemo. Todo es posible, en efecto, porque nada puede superar el poder creador y productor de la naturaleza. Además, ¿cómo dudar de la posibilidad de un hecho?[39]

Según ejemplos ilustres, y con toda seriedad, nos explica que las cosas ocurren de un modo muy sencillo y que no hay por qué extrañarse y creer en el milagro o en una acción diabólica. El cuerpo físico se disuelve en la tumba, pero incluso para el cuerpo físico hay aún tiempo antes de que sus elementos retornen al caos; y de igual forma el espíritu corporal[40] subsiste durante cierto tiempo después de la muerte, y es completamente natural que este espíritu, que era en cierto modo el motor (subordinado al alma) del cuerpo, continúe «caminando» un tiempo todavía (por inercia, por costumbre, por decirlo de alguna forma) y que, por tanto, frecuente los lugares donde su cuerpo ha habitado, realice los simulacros de gestos que había realizado durante su vida, vuelva al tesoro que antes había ocultado. No hay que creer, sin embargo, que esta sombra *(Schatten)* posee algo más que la sombra de la vida. Las *larvae* no son más que simulacros; no son más que imagen flotante de la vida

---

39. La crítica del hecho (crítica histórica y crítica de testimonio) sólo ha podido constituirse sobre la base de una ontología nueva, a partir del momento en que la noción de la imposibilidad tomó un nuevo sentido. Se ha llegado al *non esse* partiendo del *non posse* y no a la inversa.

40. Cf. *supra:* la fuerza vital incorporada en la *mumia.*

pasada, costumbre que ha tomado cuerpo o, para ser más exactos, que ha conservado un simulacro de cuerpo. El alma no está ya allí y, por tanto, no tiene ni fuerza, ni voluntad ni consciencia. Otra cosa muy distinta es, por el contrario, el *evestrum,* el cuerpo astral del alma, el alma provista de su cuerpo astral. Por ser una fuerza y un centro de acción y de pensamiento, ese ser puede actuar, puede determinar acciones físicas, puede atravesar con velocidad extrema las regiones más alejadas del espacio, puede también actuar directamente, es decir, sin pasar por lo físico, sobre las almas. Y es el *evestrum* quien trae noticias y permite a los verdaderos magos comunicarse entre sí (se sabe que Agrippa de Nettesheim enseñaba lo mismo).

Además, los magos disponen de otros medios. En efecto, no olvidemos que todos los elementos están habitados y, de hecho, no hay razón para que la vida no pueda crear centros subordinados en otra parte distinta a la superficie de la tierra o a la profundidad de las aguas; no hay razón para que seres, menos perfectos evidentemente que el hombre,[41] no puedan construirse un cuerpo con la ayuda de elementos distintos a él y a los animales. De ser así, sería, además, completamente contrario a la filosofía. En efecto, los elementos visibles, tanto la tierra como el agua y el fuego no son, hablando con propiedad, «elementos»; no son, como ya antes hemos visto, más que «cuerpos» de verdaderos «elementos» no materiales pero dinámicos.[42] Ahora bien, dado que los cuatro elementos provienen

---

41. El hombre habita en los cuatro elementos y es «habitado» por los cuatro elementos. Los expresa todos, y ésta es la razón por la cual es expresión total y perfecta del universo entero bajo todas sus formas y bajo todos sus aspectos.

42. Paracelso, *Philosophia ad Athenienses,* libro II, 6; *Obras,* vol. VIII, pág. 24: «Zum mehreren Verstand was ein Element sey, ist ein Element nichts anderst dann ein Seel. Wiewol nit das seis wesen sey sie ein Seel, aber gleichfürming der Seel. Dann ein Unterscheid esi zwischen der Seel des Elements und der ewigen Seel. Die

de uno solo, ¿cómo es posible que lo que está en uno no esté en otro? Está, además, la demostración de la experiencia: todo el mundo sabe que hay ondinas en el agua y gnomos en la tierra de igual forma que elfos en el elemento aire. La verdadera ciencia no puede negar hechos comprobados. Tiene que explicarlos.[43] La sana filosofía demuestra, pues, que los gnomos, las salamandras y los elfos no son seres comparables al hombre, como con demasiada frecuencia se cree: son seres monoelementales.

Hay, además, otros elementos que se encarnan en dos elementos, cuyo cuerpo se compone de dos elementos físicos. Los magos se sirven de esos espíritus o seres elementales que hay que guardarse mucho de confundir con los demonios. Los demonios son ángeles caídos, mientras que los espíritus naturales son, como se acaba de ver, de naturaleza totalmente distinta. No han pecado y, por tanto, no son condenados. Por tanto, tampoco serán salvados ni participarán de la inmortalidad. No hay que temerlos como a los demonios; sin embargo, hay que desconfiar de ellos: les encanta jugar malas pasadas a los hombres. Por otro lado, también pueden revelarles secretos importantes, porque —al menos los más elevados— conocen a fondo las propiedades de su elemento. Es, sin embargo, una solemne tontería querer hacer necromancia y tratar, entre otras cosas, de recibir de los espíritus de los muertos revelaciones sobre el mundo de ultratumba. Ya hemos visto que las *larvae*, los aparecidos, no saben nada; ni siquiera piensan, aunque den ma-

---

Seel der Elements ist das Leben allen Geschopff. Das Fewr das do brennt ist nicht *Elemmentum ignis* als wir es sehen, sonder die Seel das datirinnen ist, uns unsichtbar ist das *Elementum ignis,* und seis Leben». Ibíd.: «Das Element *Aqua* hatt geben das Wasser, das dem Element *Aquae* ganzlich widerwartig ist».

43. Uno de los rasgos más curiosos y más característicos de la época es esta ausencia total en el pensamiento de la categoría de lo imposible. Todo es posible, de lo que se deriva una credulidad sin límite y sin crítica.

quinalmente una respuesta automática, a no ser en el caso en que un demonio se apodere de su cuerpo-simulacro para cazar a quienes se entregan a estas prácticas deplorables.

* * *

De todos estos «espíritus» hay que distinguir cuidadosamente aquellos que el hombre mismo, o mejor, su voluntad o su fe o –lo que más o menos viene a ser lo mismo– su imaginación[44] ha creado y producido. En efecto, como ya sabemos, el alma es un centro de vida, de fuerza mágica (un fuego ardiente, dice Paracelso).[45] Es también un centro de conciencia, de pensamiento y, sobre todo, de voluntad.

La voluntad del alma –que es una fuerza– actúa en primer lugar sobre su propio cuerpo. Es ella quien lo crea y lo forma; es ella también quien lo dirige y mueve. Estudiemos un poco más de cerca su modo de acción: veremos que hay un movimiento doble, determinado por la doble naturaleza del alma: fuerza y conciencia al mismo tiempo. En efecto, *el alma es una fuente de fuerza que ella misma dirige en sí proponiendo con su imaginación un objetivo que cumplir.* El alma piensa algo, se vincula a ese pensamiento, lo forma en imagen, lo desea, tien-

---

44. Paracelso, *Erklärung der gantzer Astronomey, Obras,* vol. X, pág. 29: «Nun ist auch solchs zu wissen, wie der Glauben in die Natur handelt und wirket, und das also. Der Glauben gibt imaginationem, die imaginatio gibt ein *Sydus,* das *Sydus* gibt *Effectum.* Also Glauben in Gott gibt *imaginationem* in Gott».

45. Paracelso, *Liber Azath sive de ligno et linea vitae,* vol. I; *Obras,* vol. X, pág. 3: «Dieweil kein Fewr brennen kan, es habe dann Lufft: also ist es nun zu reden von dem Elemento ignis, welches nichts anderes an: ihm selbs ist, dann ein Leib der Seelen, oderein Hausss, darinnen die Seel des Menschen wohnet: Und also ist dasselbige Fewr der rechte Mensch … ioh solch brennen allewegen für das Leben will verstanden haben. Als wenn ich sage: es kann nicht brennen ist gleich so vil, als sagte ich eskann nicht leben».

de a él, lo quiere y su fuerza plástica y formadora se «introduce» ahí como en un molde, se informa ella misma, e *imprime* al cuerpo la imagen concebida por la imaginación. Cuando imaginamos un movimiento, el alma, imprimiendo esta imagen al cuerpo, la realiza de ese modo; de ese modo también cuando imaginamos un sonido el cuerpo lo pronuncia, y si tuviésemos una imaginación lo suficientemente fuerte, podríamos cambiar por completo el aspecto y la forma exterior de nuestro cuerpo, como cambiamos el aspecto y la expresión de nuestro rostro, que expresa la forma que el alma le imprime por la imaginación y la voluntad. Observemos que no debe confundirse imaginación y fantasía: esta última no tiene poder alguno, sus imágenes flotan en nuestro espíritu sin lazo profundo ni entre sí ni entre ellas y nosotros. La fantasía carece de fundamento en la naturaleza.[46] Para resumir, es puramente intelectual, un juego del pensamiento; si se tomasen en serio sus creaciones, daría lugar a errores; podría llevarnos incluso a la locura. Todo lo contrario ocurre con la imaginación: además, como el propio término indica, es la producción *mágica* de una *imagen*. O más exactamente, es la expresión mediante una imagen de una tendencia de la voluntad; y si se presta atención, se verá que la *imaginación* es la fuerza mágica por excelencia; que nos ofrece el modelo esencial de la acción mágica. Ahora bien, *toda acción es mágica*. La acción creadora o productora, sobre todo. La imagen que *produce* la imaginación, *expresa* una tendencia, una poderosa tensión de la voluntad; *nace* en nosotros mismos, y

---

46. Paracelso, *Ein ander Eklarüng der Gesammten Astronomey, Obras,* X, págs. 474-475, *passim:* «…wie durch sein Leib ein Mensch die Erden bawet nach seinen willen, also auch durch sein *Imagination* bawer es auch den Himmel in seinem Gestirn… die *Imaginatio* confirmiert, wird und vollendt durcht den Glauben… aus dem folgt das Imaginatio ein *Spiritum* gebiert und macht und gibbt… Die Fantasey ist nichlmaginatio, sondern ein eckstein der Narren…».

somos nosotros mismos quienes nos expresamos en ella. La imagen es el *cuerpo* de nuestro pensamiento, de nuestro deseo. Se encarnan en ella.[47]

Una vez formada la imagen, como acabamos de decir, sirve de molde a la potencia plástica del alma que trata de fluir a su través, de realizarla y realizarse en ella. Así es como las mujeres embarazadas realizan y producen, crean y ponen en el mundo a los hijos en cuya alma imprimen la forma imaginada. Así es como se explica el nacimiento de los monstruos[48] y los casos bien conocidos de semejanzas sin lazo de parentesco: el mismo proceso orgánico que, en la materia astral del alma, expresa sus deseos y sus tendencias, se sirve de la materia del cuerpo para imprimir la forma imaginada a la materia maleable del niño.

Debemos ir más lejos todavía en la comparación y la asimilación del «nacimiento» de la imagen al nacimiento del niño. La imagen producida por el alma no es una simple modificación de esta última. Es mucho más que eso, es un producto natural, orgánico, del cuerpo astral del alma. La imagen es un cuerpo en el que se encarnan el pensamiento y la voluntad del alma. El alma que crea los pensamientos, las ideas, los deseos, les da, gracias a la imaginación, un ser *sui generis;* no es aún el ser *real,* el alma no crea en el sentido riguroso del término; no obstante, confiere a la imagen una especie de existencia mágica, independiente en cierto sentido de la existencia y de la voluntad misma del alma que la ha engendrado. Como los niños que, aunque

---

47. El papel mágico de la imaginación fue admitido en la antigüedad y en la Alta Edad Media. Cf. Thorndyke, *op. cit.,* I, 218.

48. Paracelso nos da dos explicaciones más para el nacimiento de «monstruos»; es la influencia astral quien los determina (lo que apenas concuerda con la doctrina que, por otro lado, mantenía, aquella de la *matrix* de las mujeres es el *Gestirn,* el *Astrum* del niño), y también que los espíritus elementales, pero subalternos, son quienes se divierten haciendo «ensayos». Cf. *De generatione stultorum.*

producidos por nuestro ser orgánico, adquieren desde el momento de su concepción un ser propio, las ideas que nosotros concebimos[49] se convierten en centros de fuerza, que pueden actuar y ejercer una influencia. Tales son, en el *Gestirn* de los pequeños centros de acción, pequeños seres mágicos. Evidentemente, tienen tanto más poder cuanto más fuertes son la imaginación y la voluntad que los ha engendrado. También por este dinamismo propio de los productos, efectos o hijos de nuestra imaginación, se explica la acción de una voluntad sobre otra: vulgarmente hablando, son *espíritus* que la voluntad envía para que se apoderen de un alma extraña, y si el «impulso» inicial ha sido lo suficientemente poderoso, si nuestra imaginación ha podido dotar a ese *Willensgeist,* espíritu-voluntad, de fuerza plástica suficiente, actuará sobre el alma, sobre el cuerpo astral de la persona a la que enviamos y la hará realizar nuestra voluntad y no la suya. De esta forma es como las voluntades luchan una contra otra y así es como se explica el hecho de que, de esta forma, se puedan comunicar pensamientos a través del espacio. El mecanismo —o más exactamente, el dinamismo— de la imaginación nos permite comprender también el caso de contagio mental y otras enfermedades, por ejemplo, la rabia. Ésta, en efecto, es producida por la fortísima imaginación del perro rabioso, que impregna su saliva de tal forma que la convierte en el vehículo físico.

Cuando el perro os muerde, su «imaginación» se apodera de vuestra voluntad, ya debilitada por el miedo. En el fondo, el mismo mecanismo no sólo nos explica el nacimiento de los monstruos, sino también los nacimientos normales: es la vo-

---

49. El término «concebir» debe tomarse en su sentido más fuerte, el de engendrar. Para Paracelso, al igual que para Jacob Boehme, existe identidad entre la concepción orgánica y la concepción de una idea.

luntad-imaginación de los padres que, al confundirse, produce la concepción formando un *tinctur* que forma los cuerpos.

Y de la misma manera, «imaginándolo», Dios creó el universo[50] concibiendo las cosas en su imaginación, exteriorizando así su voluntad, su *fiat* creó el mundo, es decir, lo produjo y sacó de su propio seno, de sus esencias y poderes eternos e increados. Por esto es por lo que el mundo y los seres pueden ser contemplados desde dos perspectivas distintas:

En primer lugar, en sí mismos, como parte existente que expresa, mediante su configuración externa, su esencia individual; de ahí que cada cosa lleve en su exterior, en su cuerpo, la «signatura» por la cual podemos juzgar las fuerzas y cualidades que encierra, lo que nos permite, al examinar, por ejemplo, una planta o un cristal conocer de antemano, por su «signatura», sus propiedades médicas.[51]

En segundo lugar, también se puede enfocar el mundo entero como un único todo, como una sola «signatura» del Creador que –Paracelso no puede pensar más que por analogías psicológicas u orgánicas– ha producido el mundo como su propio cuerpo, engendrándolo. Las cosas serán entonces «miembros» del cuerpo del universo, lo que explica su armonía y su concordancia. El Dios de Paracelso es, por tanto, alma y

---

50. La noción de la imaginación, intermediario mágico entre el pensamiento y el ser, encarnación del pensamiento en la imagen y posición de la imagen en el ser, es un concepto sumamente importante, que desempeña un importante papel en la filosofía del Renacimiento y que volvemos a encontrar en la del Romanticismo. Cf. mi libro sobre la filosofía de J. Boehme, París, Vrin, 1929, págs. 205 y ss.

51. La noción de «signatura» deriva necesariamente del uso de la categoría de «expresión». Esta noción domina toda la filosofía del Renacimiento. Véase la obra de O. Crollius *La Medicina de Paracelso* (Ediciones Obelisco).

también «padre» del mundo y de toda criatura, no sólo padre del hombre o de Jesús.[52]

* * *

Echemos ahora una ojeada sobre la cosmología paracélsica. Como fácilmente se puede prever, vamos a verla desenvolverse en idénticas categorías de analogías biológicas, que ponen de manifiesto siempre los mismos principios dominantes de su pensamiento: el dinamismo biomágico y la noción de signatura.

Al ser para Paracelso el mundo una expresión y una encarnación orgánica de la divinidad, es evidente que el término «crear» no puede tener para él el mismo sentido que tendría en una filosofía de distinto tipo. El Dios de Paracelso es al mismo tiempo espíritu eterno y un centro eterno de fuerza –*Mysterium Magnum*–[53] que se desarrolla, se exterioriza, se expresa y se extiende en el mundo o que, para ser más exactos, crea el mundo al extenderse, al expandirse, al dejar salir de su propio seno, en cascada, en río dinámico, toda la masa de las fuerzas parciales que, al diversificarse más y más, dan por último na-

---

52. Paracelso, *Philosophia magna,* libro I. *De elemento aerís,* núm. 2; *Obras,* vol. VIII, págs. 5 y ss.: «Nuhn folgt dass der Evigt Vatter der nicht allein in Fatter seins Sohns, sonder aller weigen nund tüdtlichen, deren ene da bleiben und deren die ba bleiben und deren die da sterben, und der seligen und der Verdampten».

53. Paracelso, *De vera influentia rerum,* Prólogo; *Obras,* vol. IX, 131: «Gott der alle ding beschaffen hatt, Himmel und erden und was darinnen ist, der hat auch denselbigen geben was sie haben». Ibíd., tract. 1, pág. 133: «Darumb so fliessen alle Natürliche ding aus Gott unnd sonst keinem anderen Grundt… Dann einejegliche Tugendt ist unbeschaffen, das ist Gott ist ohn Anfang, unnd nit beschaffen. So sindl alle Tugenden und Kraft in Gott gewesen, vor Himmel und Erden unnd ehe alle ding beschaffen sind worden».

cimiento al mundo físico.[54] Su Dios es eterno y por consecuencia eterna es también la naturaleza considerada como vía, eterna igualmente la materia prima de la que está hecho el mundo.

No debemos identificar a Dios y a la naturaleza. Ésta no es Dios en el sentido propio del término. Pertenece, sin embargo, al ser *divino,* tanto como el alma y el cuerpo pertenecen al hombre. Se las puede distinguir de un modo abstracto; se puede, se debe incluso distinguir la naturaleza y Dios como se distingue el alma del espíritu y del cuerpo. Pero incluso oponiéndolos, no hay que perder de vista sus relaciones esenciales.

Por otra parte, hay que evitar confundir la naturaleza en general con el mundo físico. En efecto, Dios ha producido siempre un mundo, y jamás ha sido inexpresado, pero la naturaleza concreta es perecedera, este mundo físico sólo es temporal. Al ser creado, desaparecerá. Habrá otro, pero no será el mismo. Este mundo real no es, por tanto, sino un producto secundario de la acción eterna de Dios.

Fiel a su principio del desarrollo progresivo de la unidad indistinta e intensiva en una multitud extensiva de formas individuales, Paracelso fija como base, fuente y raíz del mundo algo que él llama con nombres distintos: los que más utiliza

---

54. Paracelso, *Philosophia magna, De elemento aeris,* libro 1, núm, 1; *Obras,* vol. VIII, pág. 55: «Wiewol ein ander Welt hernach folget, da ist ein Tochter diser den Namen nach, abet nicht der Form der Essenz und dergleichen».

son: *Chaos, Yliaster,*[55] *Mysterium Magnum.*[56] El *Mysterium Mag-num*[57] es el centro increado del mundo donde todo transcurre, el germen que oculta en sí todas las posibilidades que más tarde serán realizadas y que en potencia, virtualmente, contiene ya, aunque oculto, no desarrollado y no aparente, lo que su evolución natural –separación–[58] va a explicar, revelar y producir. *El Mysterium Magnum* es el huevo donde empolla el universo y cada ser tiene su propio *Mysterium Magnum,* germen del que procede y poder activo que conduce y dirige la evolución.

El *Yliaster* o *Yliader* es la primera realización, o mejor,[59] la primera materialización completa del *Mysterium Magnum* de

---

55. La doctrina de Paracelso no es siempre la misma, por lo que respecta al *Yliaster* y al *Mysterium Magnum.* Algunas veces el *Yliaster* se identifica con el elemento único, que al dividirse da nuestros cuatro elementos. Algunas veces, el *Mysterium* se identifica con Dios, y en ocasiones el *Mysterium Magnum* y la *prima materia* es una sola y misma cosa. La *prima materia* es a menudo identificada con el *Yliaster,* el *Gestirn* y la *prima materia sacramentorum.* La terminología es tan inconsistente, que sin un estudio muy detenido, que probablemente descubriría en el *Corpus Paracelsicus* obras de diversa procedencia, no se puede pensar en hacer una exposición absolutamente exacta.

56. Paracelso, *Phylosophia ad Athenienses, Obras,* VIII, pág. 6 (cf. *Liber vexationum,* VI, 378): «*Mysterium Magnum* is nicht Elementisch gewesen wiewol die Element in ihm gewesen seindt. Es ist auch nichst Fleischlich gewese, wiewol alle *Genera* der Menschen darinnen begriffen werden».

57. Paracelso, lbíd., *Obras,* vol. VIII, 7 y 10: «Also ist *Mysterium Magnum* ungeschaffen von dem hochsten Künstler zubereitet… auss dem *Mysterio Increato* alle andere tódliche seindt entsprengen und gewachsen».

58. lbíd., cap. 9: «Amm anfang aller gebierung, ist Gewesen die Gebiererin und Erzeugerin *Separatio* dann *separatio* der Philosophiae das grosste Wunder ist». La separación –proceso de lo múltiple a partir de lo uno– es a menudo confiada a un principio especial, el *Archeus.*

59. Paracelso, *Philosophia de generationibus et fructibus elementorum, Obras,* vol. VIII, pág. 55: «Als ersten ist der *Yliaster,* getheilet worden, der dann Nichts ist, und hatt geben die 4 Elementen und gemacht und geordnet, und ist nuhn als ein Sahm, auss dem ein Stamm wachst: dann der Stamm was es hinauss gibt,

la vida, la tela, si puede decirse, de la que se formará el universo. No es todavía la grosera materia del mundo físico; no es tampoco la materia astral del *Gestirn*. El *Yliaster* contiene todo eso, pero de una forma indiferenciada. Lo contiene en potencia. Él mismo es incluso demasiado fino, demasiado «tenue y sutil», casi impalpable e invisible –por supuesto, impalpable e invisible para nuestros groseros sentidos–, pero ya está en el camino que conduce a los elementos, es ya una primera «condensación y «coagulación». Se opone ya al espíritu y nosotros no tendremos, por así decir, más que condensar más y más esta materia impalpable para obtener, mediante coagulaciones y diferenciaciones más y más materiales, la materia astral, el firmamento y, por último, nuestra materia propia.[60]

La fuerza, única todavía, del *Mysterium Magnum*, esta fuerza creadora y materializadora, también se divide en fuerzas parciales. El gran misterio de la separación[61] da lugar a la aparición de tres fuerzas principales, constituyentes del mundo y de sus elementos: *Sulphur, Mercurius, Sal.*[62]

---

das nimpt er mit Wieder zu ihm: Aber dieser *Yliaster* zeucht wieder die 4 Element in sich, das zergeht, und wird als vor den vier Elementen gewesen ist so das *Annus Mundi* hin ist… wie es ein Anfang hatt, also das ende auch wirdt».

60. En el fondo, el *Yliaster* no es otra cosa que el éter; bajo este nombre aparecerá en las *Naturphilosophies* románticas.

61. Paracelso introduce a menudo una fuerza especial de separación denominada por él *Archeus* o *Separator*. Este *Archeus* personificado es el regente del mundo, el espíritu del mundo que gobierna su alma.

62. Paracelso, *Philosophia magna*, libro I. *De elemento aeris*, 3; *Obras*, VIII, pág. 56: «Ist das ein Element das da gebieret und ein Element ist ein Mutter, deren seind 5. Lufft, Fewr, Wasser, Erden, auss den 4 Müttern werden alle ding geboren, der gantzen welt». Ibíd., && 4, pág. 57: «von den Element ist ein solchs zu verstehen, das am ersten das Yliaster zu 4 theil getheilet ist». Ibíd., &&, pág. 60: «Diese 4 Element seind gescheiden in ihr sttt und wesen… Sinf also 4 Element, aber nur 3 Ersten, das ist ein Mercurius in allen, ein Sulphur ein Sal…».

Un grado más de separación, de condensación, de coagulación, y el elemento único se divide en los cuatro elementos clásicos de la física aristotélica: la tierra y el agua, el aire y el fuego.[63] La unidad primitiva se diversifica cada vez más: los cuatro elementos y las tres fuerzas primitivas que los forman se encarnan en una multitud de seres, dan nacimiento a los cuerpos, a los metales, a los cuerpos vivos, y, por último, al hombre. Estas potencias luchan entre sí y es su lucha y el predominio de una sobre otra lo que explica la diversidad real de las criaturas.[64]

Y a pesar de todo, la unidad primitiva no se ha perdido. Existe, está presente en todas partes; es más, es precisamente en

---

63. Paracelso, *Luber meteorum, Obras,* VIII, págs. 184-185: «Nuhn sollend ihr aber wissen, dass alle vier Corpora die vier Elementen gemacht seins auss nichts, dz ist, allein gemacht durch das Wort Gottes, das Fiat geheissen hatt. Wiewol dem aber so ist, so ist doch das Nichts auss dem Etwas worden ist zu einer Substanz und Corpus worden, wie sie dann erscheinen Dasselbige Corpus aller vier Elementen ist in drei "species" geteilet: Also das Wort, Fiatist worden ein dreifach Corpus... dreierlei Corpora... Nun soll sich dieser, *Phylosophey* niemandt verwundern, dass dreielei seindt und doch in vier Elementen gelheit. Wenn wirrecht bedenken die Zahl sohatt Gotty Drey für sich genommen, u nd auss Dreyen alle ding gemacht, und alle ding in dien gesetst».

64. Paracelso, *Liber paramirum,* II, *Obras,* 1, pág 80: «Aus dem Sulphure wechts der Corpus. Das ist, der ganz Leib ist: ein Sulphur... Ohn das Salz wer nichts greifliches da... Alle Congelation, Coagulation ist auss del Salte... so mancherley Sulphura, so mancherley auch Salia. Also ist mm der dritt der Mercurius das selbige ist der Liquor ... Unnd die drey sínd der Mensch das ist nur ein Corpus... Mercurius ist ein Rauch er zerbrenet nicht». Las relaciones entre los cuatro elementos físicos y los tres elementos químicos presentan bastantes dificultades. A veces, se ha afirmado su simple yuxtaposición en Paracelso. H. Metzger, en su trabajo *Les doctrines chimiques en France* (París, 1923) ensalza a los paracelsistas franceses por haber conseguido establecer el orden en estas relaciones. Ahora bien, el propio Paracelso lo intentó como lo prueban los textos que citamos. Los cuatro «elementos» son los cuatro modos de ser de la materia, los cuatro principios formativos y las cuatro clases de cuerpos materiales. Pero en «cada» cuerpo real, que pertenece a uno u otro de estos elementos, se encuentran los tres elementos físicos, fuerzas formadoras de todo ser corporal.

esta diversidad donde se realiza y revela. Se revela en el doble sentido de la palabra, porque no sólo el mundo es una «asignatura» de Dios, sino que también la naturaleza posee en el hombre un ser a quien se revelan –y que revela– los esplendores del poder divino. El hombre los «comprende». La unidad se realiza de nuevo en su pensamiento. La naturaleza se reencuentra a sí misma en la ciencia; la naturaleza no es, de hecho, más que la ciencia visible; la ciencia no es otra cosa que naturaleza invisible.

Éstas son –vieja doctrina de la *Tabula Smaragdina*– las mismas fuerzas, los mismos elementos que aparecen a cada grado de la evolución del mundo, y todo cuanto encontramos en un grado inferior lo encontraremos también en un grado superior, o si se prefiere, a la inversa: todo lo que en Dios es divino, y en los cielos celeste, se encuentra en la tierra en un estado terrestre. Lo que es agua en tierra es *aquaster* en la región superior. El *aquaster* es la esencia del agua, el poder dinámico que la funda y la crea, sin la materialidad grosera de los elementos terrestres. El *aquaster* no es, evidentemente, el alma del agua; si se quiere, es su alma dinámica, lo que corresponde al agua en el plano astral.

En nuestro análisis hemos descuidado un momento importante: el de la perennidad de los mundos superiores y el de la brevedad temporal de nuestro mundo para nosotros. El mundo temporal, tal como lo vemos, es, en efecto, un mundo desposeído. No ha conservado su naturaleza primitiva. De *yliástrico* ha pasado a *cagástrico*.[65]

El mundo actual se debe a una creación doble, a un doble movimiento: movimiento de caída y movimiento de ascen-

---

65. *Cagastrum,* en el lenguaje de Paracelso, designa el producto de una caída, de una perversión, de una corrupción.

sión. Es, en primer lugar y ante todo, el producto de la caída de Lucifer y de sus ángeles,[66] y ha sido creado como cárcel para los espíritus. Es, en segundo lugar, el teatro de la acción del poder divino que trata de conducirlo a un plano superior.[67] Ahora bien, ahí en ese *limbus minor,* el hombre nos ofrece la imagen exacta del proceso y de la historia del *limbus major.* El cuerpo humano, como el del universo, es *cagástrico,* producto de una caída, salido de la persona *cagástrica* de Eva. Adán, por el contrario (antes de la caída), tenía un cuerpo *yliástrico,* un cuerpo que era un «extracto» del universo, y que lo «representaba». Además, Adán fue creado precisamente por Dios para elevar la naturaleza a un plano superior, pará ser su obrero en el universo. La caída lo ha transformado, lo ha introducido en el mundo grosero de los elementos separados, que representa, en la misma medida que Adán, el mundo primitivo. Antes de la caída, el cuerpo de Adán era dinámico, no se alimentaba como nosotros; no comía. Porque aunque todo ser tenga necesidad de «alimentos»,[68] los seres superiores, los ángeles, por

---

66. El desorden cósmico no puede explicarse por la caída de Adán, agente demasiado poco potente. Esta doctrina será tomada por Kacob Boehme. Este mundo fue antiguamente el cielo de Lucifer.

67. Paracelso, *Phylosophia de elemento aeris. Das erste Buch Meteororum; Obras,* vol. VIII, 288: «Wie wol wir gesetz haben, wie Gott die Elementen auss Nichten gesetzt hatt unnd gemacht: als ein Gott… An der Statt da die vir Element stehnd, ist gewesen das darauss verstossen ist in die Hellen, unnd hatt die Statt bessesen mitsamp seinem Anhang. Dann das ist der Himmel auss welchem er verstossen worden: unnd die statt darinnen dier vier Elementa begriffen werden… solchs ist wohl eins Hell zu rechnen wann ein Engel des Paradeiss. Grosser mocht sein Hell nicht sein, wan dem das da ewig ist… soll wohnen im zerganglichem… Also beschliessen: wir dass die Statt der vier Elementen gewesen ist der Himmel des Lucifers».

68. Todo ser creado tiene necesidad de un aflujo de fuerza que reemplace la que gasta, de una influencia «restauradora». Éste es el sentido de la «alimentación» física o espiritual.

ejemplo, no se alimentan por la boca como hacen los animales y como nosotros nos vemos obligados a hacer desde entonces. Adán no tenía intestinos ni partes. No estaba sometido a la muerte. Siendo andrógino engendraba mágicamente.[69]

El hombre actual representa al universo actual. Es siempre microcosmos. De igual modo que el uno ha sido producido por la *matrix* de la naturaleza, por el *firmamento,* el otro lo ha sido por la *matrix* de su madre. Es un desperdicio, de la misma forma que el universo material también lo es. No tiene más que un tiempo para vivir, y el universo material no tiene más que un tiempo para existir. El astro humano sólo tiene un número dado de revoluciones que cumplir; cuando su curso se ha completado muere como morirá y se disolverá el universo material cuando haya cumplido sus revoluciones. La materia grosera resiste al alma más de lo que expresa; el alma no puede ordenarla, no puede vivificarla por completo. Lo inmundo, el elemento *cagástrico* es demasiado poderoso. Lo es incluso para los cuerpos del universo. Son impuros, y aunque la fuerza vital de la naturaleza sea suficiente para hacerlos vivir, para combatir poco a poco la tendencia a la degradación, muy pocas veces triunfa, con mucho esfuerzo y pérdida de tiempo.

Por esta razón, los metales, más perfectos que los cuerpos, crecen tan lentamente; por eso también se encuentran tan raras veces metales preciosos, y cuando se los encuentra se hallan en estado impuro. Hay que proceder a numerosas manipulaciones para consumar la obra de la naturaleza o para permitir a la naturaleza acabar su obra en tiempo más breve.

Porque —y éste es un punto importante— toda la naturaleza tiende hacia su estado primitivo y tiende a volver de nuevo a la

---

69. Doctrina que será muy aceptada. A través de Boehme entrará en el caudal general de la teosofía.

unidad del elemento celeste. Ahora bien, es incapaz de hacerlo por sí misma, necesita una ayuda procedente de arriba.

Ahí incluso el hombre es la imagen del universo. Creado doble[70] y en dos tiempos ha recibido su cuerpo «de abajo»;[71] de arriba le fue impresa la imagen divina, el espíritu. También él ha recibido una tintura que le transforma, como la tintura transforma la materia metálica sobre la que actúa. Cristo, Hombre-Dios, es nuestra tintura. El nuevo Adán nos transfigura y nos da un cuerpo espiritual,[72] como la piedra filosofal transforma y transfigura la materia metálica. Además, si se presta atención, el proceso metálico mismo, la «gran obra», no es —al menos para Paracelso y los alquimistas de la Edad Media— más que una «signatura», un símbolo del proceso más general de la transfiguración y del retorno del mundo hacia Dios.

✳ ✳ ✳

Debemos detenernos ahora unos instantes para considerar la «filosofía» de Paracelso desde un punto de vista nuevo: desde el punto de vista de la alquimia. Evidentemente, no podemos referir ni la historia ni el análisis de la alquimia, tanto desde el

---

70. Paracelso, *Phylosophia sagax, Obras,* vol X, pág. 7: «In der Schöpfüng seindt zween, so geschaffen haben, jeglicher sampt dritt in der Person unnd einiger Gottleit. Der erste als der Vatter hatt geschaffen den Menschen von unten herauff: Der ander, als der Sohn, von oben herab».

71. El hombre no ha sido creado de la nada, sino del *Limus terrae,* que es una quintaesencia, un extraño de todo el universo material, visible, así como del invisible. Dios Padre ha creado al hombre partiendo de la materia. Cristo le ha infundido su espíritu.

72. Paracelso, *Philosophia sagax, Obras,* vol. X, pág. 26: «Also ernehren wir zween Leib, den auss der Erden und auss Christo: den Einen vom Vatter, den anderen vom Sohn, unnd beyde in einem Geis».

111

punto de vista de la ciencia como desde el punto de vista de sus bases filosóficas. Nos limitaremos a estudiarla en Paracelso, porque forma parte integrante de su doctrina, porque fue, en grado muy superior a lo que se admite generalmente, un elemento del universo intelectual, una creencia universalmente admitida, durante todo el período del Renacimiento.

La filosofía alquímica, tal como se presenta en los libros paracélsicos, aparece de entrada como un dinamismo organicista, como una especie de doctrina de evolución, doctrina monista si la hubo, y –cosa muy curiosa e incluso desconcertante– como una doctrina de evolución *ascendente* y no de evolución descendente, como acabamos de estudiar.

El *mysterium*, la *prima materia elementorum*, el *limbus*, etc. (todos estos términos múltiples significan muy a menudo lo mismo) aparecen de ahora en adelante como la *raíz* indiferenciada del mundo que, como un árbol de vida, se eleva por encima del abismo, echa ramas, frutos y flores y, en una progresión natural, «evoluciona» los seres inanimados, los elementos más toscos y groseros, los seres y los elementos más puros, más perfectos, organizados, animados, conscientes. La naturaleza material, los cuerpos, provienen todos de una misma y única fuente-raíz;[73] todos ellos representan grados distintos de evolución y de organización; se transforman los unos en los otros. La

---

73. Paracelso, *Philosophia ad Athenienses, I; Obras,* vol. VIII, pág. 1: «alle geschopf seind auss Einer Materien kornmen, und nit im jedlichen ein eigenes gegeben. Diese *Materia* aller ding ist *Mysterium Magnum,* unnd nicht ein begreflichkeit auff keinerler Wesen gestellt, noch in kein Bild niss geformiret. Und ist *Mysterium Magnum* ein einige Mutteraller tüdlicher Ding, unnd haben ihren ursprung in ihr genommen, nicht nach einander, sondern in Einer Schüpffung in ihr genommen, nicht nach einander, sondem in Einer Schüpffung, Substanz, Materi, Form, Wese, Natur unnd Inclinierung gegeben seindt».

evolución natural trata de producir esta transformación que el «artista», el alquimista no hace sino acelerar en su laboratorio.

La transmutación de los metales no es más que un punto particular, importante, por supuesto, pero no central de la doctrina alquímica, y si en la práctica fue esa obra la que preponderó en los trabajos y los ocios de los alquimistas, no hay por qué pensar, como se ha hecho con demasiada frecuencia, que toda la alquimia se limitó a la búsqueda de la fabricación del oro. Paracelso, entre otros, no se ocupó en modo alguno de ella,[74] y las leyendas referidas por Oporinus parecen no ser más que eso, leyendas.

No había, además, nada de absurdo en la creencia de la transmutación: la práctica diaria de los artesanos metalúrgicos, ¿no mostraba acaso que mediante manipulaciones apropiadas y, sobre todo —observémoslo bien—, mediante la acción del fuego[75] se podían transformar las piedras metálicas que se encontraban en las minas en metales puros, brillantes y preciosos? ¿No se veía a diario que añadir una pequeña cantidad de metal podía producir una aleación,[76] con cualidades y propiedades completamente

---

74. *March arkana,* enseña Paracelso a sus alumnos, es decir, «estudia las fuerzas ocultas de la naturaleza, aprender a hacer los "extractos" y las "tinturas", que utilizarás en los medicamentos». La alquimia comprende para él todo el terreno de la química actual, e incluso la sobrepasa: el panadero es un alquimista, pues prepara el pan, transformando la harina y empleando levaduras. La preparación de drogas médicas es antes que nada obra de la alquimia: se trata de «retirar» y de «aislar» el «espíritu» de las diferentes materias naturales para hacer «tinturas» y «magisterio». Las expresiones del lenguaje popular han conservado el concepto alquimista: ¿no se habla del espíritu de la madera o del vino, de la tintura de yodo o de la esencia de clavo?

75. Siendo la vida concebida como «fuego», la acción del fuego se relacionaba naturalmente con la acción vital.

76. Las aleaciones eran consideradas como metales nuevos, mixtos, productos de la *tintura.* La tintura, en efecto, daba el ejemplo clásico de la concentración de la potencia, del espíritu, en un volumen reducido de materia: si se podía teñir el

nuevas? ¿No se sabía, además, que los metales «crecen» en las montañas? Era, por tanto, evidente que, envejeciéndolos como todo lo que existe y lo que vive, los metales se transforman. Era evidente también que por medio del fuego, etc., se podía activar esta evolución, esta «vida» de los metales. No olvidemos que la distinción entre elementos y compuestos químicos data de ayer, y que el concepto alquímico de lo «mixto» no concuerda exactamente con ella.[77] La evolución natural de los metales tendía a producir el metal más perfecto: el oro. El oro, era, por tanto, la

---

vidrio, ¿por qué no podrían teñirse los metales? Dos conceptos diferentes se expresan en los mismos términos alquímicos: 1.º, se pueden concebir los metales como poseedores de cualidades (accidentales) separables; cambia la dureza y el color del cobre cuando se prepara el bronce (se le tiñe); ¿por qué no se iban a poder cambiar del mismo modo todas las demás cualidades? Esto es la alquimia de las cualidades separadas. También se puede concebir, 2.º, una transformación profunda de toda la esencia del metal sometido a la influencia de la tintura que actúa como una forma nueva, como un germen o levadura.

77. El *mixtum* alquímico, cuya noción ha desempeñado un papel de suma importancia en la filosofía del Renacimiento, así como en la filosofía de Jacob Boehme, no tiene nada en común con el compuesto químico. El *mixtum* no es una mera mezcla de sustancias, sino una sustancia mixta; los componentes no existen *actu* en el *mixtum,* como los átomos del compuesto químico existen en este último. No se puede llegar a separarlos por división mecánica. La actualidad del *mixtum* es una, como la de los elementos, y, sin embargo, los elementos compuestos existen virtualmente en el mixto. La concepción aristotélica del mixto es la de una forma nueva que reemplaza en el compuesto las formas de los componentes; de este modo, la forma del bronce reemplaza las del cobre y del estaño. Se aprecian claramente las dificultades de esta interpretación, y no ha de extrañar que para los alquimistas más notorios las formas de los compuestos no desaparezcan en absoluto, ni que admitan, por tanto, una pluralidad de formas y una tensión interior en el compuesto. La forma de la «tintura» no destruía la del cuerpo «teñido», pero la subyugaba, por llamarlo de algún modo, y la forma resultante era una síntesis de función o de dominación, según los casos. Se ve claramente cómo el mixto químico podría ofrecer el ejemplo de una conciliación de contrarios en un cuerpo sintético. Sobre la noción del mixto, véase P. Duhen, *Le mixte et la combinaison chimique,* París, 1902. Cf. también *Geschichte der Chemie,* de H. Kopp, Brunswick, 1843.

meta hacia la que se dirigía la naturaleza misma y no había más que suprimir los «obstáculos» para dejarla seguir su curso. Se hacía mediante una serie de operaciones cuyo objetivo común era «purificar» la materia y permitir a la «naturaleza», «germen formador», «tintura», «levadura», actuar libremente.

En efecto, los metales «tangibles» y «materiales» no son en realidad más que productos o expresiones, materializaciones o encarnaciones, de fuerzas, de «virtudes», de poderes dinámicos. Y sólo son los «cuerpos» inertes los que expresan la esencia o la «cualidad» metálica con más o menos suerte o perfección. La materia tangible puede oponerse a la acción de la «cualidad», principio generador, o forma; puede oponer a su acción la acción de otro principio o forma; puede de este modo impedir a la evolución alcanzar su meta.

No olvidemos que el mundo está completamente jalonado de fuerzas diversas, que se oponen unas a otras. Las fuerzas y los gérmenes encarnados en los metales no son, de hecho, más que efluvios de fuerzas astrales. Son las fuerzas astrales sumidas en la materia las mismas que se encarnan y se expresan también en los astros. Por eso, los metales corresponden a los astros; son, por así decir, astros encarnados.[78]

Por otra parte, y como ya hemos visto, el universo material entero es una encarnación y una «coagulación» del *elementum*. El universo material entero expresa el *astrum*. Lo expresa mal, y también por eso evoluciona; el germen vivo del universo se realiza sucesivamente y temporalmente, dejando coexistir sus diversos grados, lo cual explica la multiplicidad de los metales

---

78. La correspondencia de los astros y de los metales es uno de los dogmas más antiguos de la alquimia y una de las bases de la notación alquímica. Cf. M. Berthelot, *Les Origines de l'Alchimie*, París, 1885: *Introduction a l'étude de la chimie des anciens et du moyen age,* París, 1989.

y las etapas de la evolución metálica. En efecto, el poder dinámico no puede realizarse más que encarnado en una materia. Ahora bien, puede encontrar la materia en una cantidad mayor o menor y su «virtud» se encarnará entonces de modo más o menos adecuado: el resultado será metal imperfecto, metal perfecto, o, por último, una «tintura» concentrada. Añadida a una materia convenientemente preparada, es decir, purificada y disuelta, la *tintura,* el *magisterium,* actuará transformándola, como la adición de una gota de veneno transforma el agua en veneno, como la de una gota de vinagre transmuta en vinagre el vino.

No hay que ver en la transformación otra cosa que la abreviación de un proceso normal de la naturaleza. En el fondo, toda materia metálica *tiende* a convertirse en oro, porque su germen la empuja en esta dirección. Los metales crecen y tienden hacia el oro, su perfección, porque todo ser *tiende* hacia la suya; se puede hacer oro porque, en el fondo, virtualmente y en potencia, lo son ya. Evolucionan porque no lo son todavía. Hacen lo que hacen todos los seres del universo. Evolucionan porque están vivos y porque todo ser vivo es al mismo tiempo lo que todavía es, y no es todavía lo que en el fondo es.

Además, la vida entera no es sino un proceso alquímico: ¿No hacemos alquimia al preparar los alimentos?

¿No somos alquimistas naturales al alimentarnos? Y la digestión, ¿es algo distinto a una acción del mismo género que la producción de oro? ¿No hay en nuestro cuerpo un alquimista sutil que procede a todas las operaciones requeridas por el arte: putrefacción, sublimación, transformación, y que da salida a los desperdicios cagástricos?[79]

---

79. Hay en nosotros, dice Paracelso, un sutil alquimista, un *Archeus,* que separa los alimentos y extrae de ellos todo lo que es necesario para nuestra nutrición.

Y el proceso de renacimiento espiritual, ¿es algo distinto al proceso alquímico? ¿No se transforma el cuerpo grosero, por el *magisterium* del espíritu, en cuerpo espiritual? ¿Y nuestra alma no pasa por los mismos estadios de licuefacción, purificación y transfiguración que la materia y que el mundo?

Hemos subrayado la analogía porque, de hecho, y esto es lo más característico de toda esta secuela de pensamiento, está toda ella animada de la creencia de que los procesos del mundo exterior, del mundo físico, no hacen sino repetir y simbolizar los del alma; los libros alquímicos hablan siempre mediante símbolos —en símbolos, no en alegorías o en criptogramas—[80] y hablan siempre de dos cosas a la vez: de la naturaleza y del hombre, del mundo y de Dios. La piedra filosofal es el Cristo de la naturaleza, y el Cristo es la piedra filosofal del espíritu. Al estar el mercurio entre el sol y la luna (el oro y la plata, o ☉ y ☽) es el Cristo en el mundo de la materia, como Cristo, mediador entre Dios y el mundo, es el mercurio espiritual del universo. Es más que una simple alegoría o que una comparación: la analogía es más profunda. Los mismos símbolos se aplican a los procesos materiales y espirituales porque en el fondo hay identidad entre ellos. La identidad de que los símbolos se explican por la identidad de los procesos.

Al parecer, la alquimia cristiana, que siempre admitió los mismos principios —evolución orgánica, analogía como modo de razonamiento, doctrina del microcosmos—, siempre trató de hacer ver o de ocultar en sus símbolos la identidad última de la naturaleza y del espíritu, de la evolución del mundo y de la del hombre.

---

80. Cf. Silberer, *Symbolismus der Alchemie,* Viena, 1914. El libro de M. Silberer es extremadamente interesante para el análisis del simbolismo alquimista. Es muy lamentable que M. Silberer haya sufrido la obsesión de las explicaciones psicoanalíticas.

Lo que hace tan difícil la comprensión y la presentación sistemática de la concepción del mundo de la filosofía alquímica en general, y de la paracelsista en particular, es el hecho de que, por decirlo de algún modo, hay que partir al mismo tiempo de arriba y de abajo, de Dios y del hombre, de la naturaleza naturante y de la naturaleza naturada; en cierto modo, hay que adoptar al mismo tiempo los puntos de vista del Creador y de la criatura, de la acción y de la pasión, de la caída y de la subida. Dificultad que, por otro lado, es bastante general. Se encuentra allí donde aparece el mito del ciclo, el mito del retorno. La concepción organicista del mundo y de la evolución se adapta difícilmente a los esquemas lógicos. La idea del germen contiene un círculo, vicioso para el pensamiento, un círculo que el pensamiento no puede comprender, pero que la vida resuelve burlándose de las dificultades.

* * *

Y, sin embargo, se plantea un problema: ¿Por qué el *tiempo?* ¿Por qué la evolución? Para alcanzar una meta dada de antemano, para llegar a un estadio de perfección. Una de dos: si la perfección estuvo en el principio en lo increado,[81] ¿por qué haberla dejado? Si, por el contrario, está al final, ¿por qué no haberla realizado enseguida?[82]

La caída, la emanación de las cosas y su retorno a Dios no están coordinadas lógicamente. No pueden estarlo para Para-

---

81. Paracelso, *Philosophia ad Athenienses, Obras,* VIII, págs. 2, 4: «das héichst Arcanum unnd gross gutt des Creatoris hat alle Ding in dz increatum geschaffen, nicht fürmlich, nicht Wesentlich, nicht Qualitetisch, sordern es its in dem increato gewesen, wie ein Bildt in eim Holz ist».

82. Esta dificultad no es exclusiva de Paracelso: se encuentra en todos los sistemas teístas e idealistas, siempre que el tiempo «deriva de la eternidad».

celso. El hombre y Dios hubieran debido expresarse libre y perfectamente. Pero, en realidad, no lo hicieron. La naturaleza material hubiera debido ser de oro; es más, no hubiera debido tener de todo (al menos la naturaleza tal como la naturaleza es). Pero existe. La irracionalidad última de lo hecho permanece entera, pese a todos los ensayos de explicación, y Paracelso, como más tarde Jacob Boehme, la percibe a veces.[83]

¿Por qué la lucha? Cuando se viene de abajo se comprende perfectamente que el germen no pueda realizarse más que de un modo progresivo; que la naturaleza evoluciona en el tiempo. También se comprende, si se viene de arriba, que Dios, al querer expresar su naturaleza en y por el mundo, en y por el hombre,[84] y revelar los *magnalia Dei,*[85] cree y forme una Expresión exterior, un «libro» que leer y que cree, además, su lector.[86] Pero no se

---

83. La «separación» es el misterio más grande del ser, dice Paracelso.

84. Paracelso, *Philosophia sagax, Obras,* X, pág. 49: «Also in solchen Gestalt will nun Gott dass diejenigen Ding geschehen sollen, die im Firmament durch ihn beschaffen seind… so muss es durch den Menschen geschehen… das alle *Magnalia Naturae* durch ihn sichtiglich beschehen mogen, und in ein Corporalitiit gebracht werden, welcher auss den Elementen, in die Form und Blut und Fleisch geschmiedet ist». lbíd., pág. 51: «Darauf wisen dass Gott zu eröffnen die Heimlichkeit im Gestirn ein solche Lieb darzu tragt, dass er von wegen derselbigen ein *Microcosmus* beschaffen hat: nicht allein in dem Gestirn das heimlich zu offenbaren, durch des Menschen Werk, sondern auch alle natürliche *Mysteria* der Elementen zu offenbaren, welcher ohne den Menschen nicht hatt mogen beschehen: Und Gott will dan die Ding sichtbar werden was insichtbar ist».

85. Paracelso, *Philosophia sagax, Obras,* X, pág. 46: «dann nach dem Rechten gmnd zu reden soist der Mensch allein darumb geschaffen, dass er der Natur Arbeiter sey, dass zu tun das Gott in sie geben, gelegt unnd geschaffen hat… das *Lumen naturale* allein operiert in dem unichtbaren Leib: dann von dem unsichbaren kompt es und ist ausch uu ihm selbst unsichtbar».

86. Paracelso, *De vera injluentia rerum, Obras,* IX, pág. 134: «Also hatt Gott im Anfang bedacht zu schaffen Himmel und Erden nicht ihnen selbs: Danns das hatt müssen in Gütticher fürsichtigkeit vor sein dass Himmel und Erden bereit werden, ehe dann das Ding beschaffen werder, das ist also… Also Befindt sich,

comprende por qué la expresión ha de ser imperfecta, por qué el libro es ilegible. Se comprende que para obtener una transformación sea preciso destruir primero la forma propia de la materia concreta; se comprende que sea preciso, por tanto, calcinarla, purificarla, licuarla; y también se comprende que haya que purificarla, sublimarla, etc.; que luego haya que actuar sobre ella mediante un «fermento», un *magisterium,* una «tintura», pero no se comprende de dónde proceden las formas inferiores, de dónde vienen la mancha y la impureza. Se comprende que el hombre debe morir, arrepentirse (purificarse, disolverse, calcinarse, que el fuego interior deba consumir su pecado), se comprende que sea preciso que la gracia, fermento de la vida natural, actúe sobre su alma para regenerarla; pero no se comprende de dónde proceden el pecado y el mal, de dónde vienen la necesidad del arrepentimiento y la de la purificación.

Paracelso vio claramente la dificultad. No se le puede reprochar no haber tratado de resolverla y no haberla solucionado. Uno se siente más tentado de reprocharle la variedad y la cantidad de soluciones. En efecto, no dio menos de tres.[87]

---

dass der Mensch im Gottlichen Fürnemen gewesen ist denselbigen zu beschaffen». *lbíd.,* pág. 134-135, *passim:* «Darum wie oberts hatt gott nichts leer beschaffen, sondern alles vol!… unnd aber dasselbig Nichts bleiben lassen, sonders alles mit Tugenden unnd kraft erlüllet, das in dem, das inn eineranderen Creatur…Unnd also seind auch die Form. Zeichen unnd Tugenden was inn eimjeglichen sey, dasselbeig im demselben zu suchen».

87. El término «mal», *malum,* a pesar de lo equívoco que es, engloba la multitud de significados del término alemán *böse,* sobre todo en su forma adjetiva. Para Paracelso, como más tarde para Jacob Boehme, las dificultades se acrecientan. En efecto, *böse* (el término abstracto no era *das Böse,* sino *die Bösheit)* es algo netamente «positivo» y «activo». En absoluto es «maligno» ni «malignidad». Los animales salvajes son *bös.* el fuego es *bös,* una fiebre es *bös,* el granizo y la sequía, el agua y el viento pueden ser *bös.* No es la cualidad de ser perjudicial o destuctivo, es un cierto ardor destructivo, que pertenece, como calificación, a la cosa o al fenómeno en sí mismo, y resulta perfectamente comprensible que, permi-

En primer lugar, la solución de la ignorancia. Es evidente que hay mal por todas partes, que todas las cosas están «fundadas» en bien y en mal, que hay cualidades buenas y cualidades malas, perversas. Todas las cosas son por su naturaleza buenas o malas, los hombres, las plantas, los animales. Hay mal y bien en los cielos y en los *astra*. Pero ¿de dónde procede todo? Paracelso no lo sabe, y concluye con tristeza: «Aunque Dios ha puesto el mal y el bien, no ha otorgado al hombre el saber dónde».[88] Todo era bueno al principio. Pero el tiempo ha gastado y roto la unidad, separado, opuesto las cosas buenas a las malas.[89]

Luego viene la solución que más se acerca a las teorías tradicionales del mal-negación, sin ser completamente igual a ellas.

---

tiéndolo el uso *popular* del término, Paracelso, tras haber considerado como *bös* los ácidos, «disolventes» y «abrasivos», el agua regia, por ejemplo, termine por ver en el *Böse* al mal, una fuerza cósmica. Después es fácil terminar viendo en la impenetrabilidad, en el aislamiento «egoísta» de los cuerpos una fuerza procedente del «mal». Y, por tanto, en toda realidad concreta se ve al «mal» luchando con el «bien», vencido por el bien «al principio», y luego, gracias a la caída, aparece en su aislamiento y en su ser propio.

88. Paracelso, *Philosophia sagax, Obras,* X, pág. 33: «So wird wohl verstanden, dass im Himmel gleich sowol anfünglich Guttes und Boses gewesen ist... Wo aber Gott fas Boss unnd das Gutt genommen hatt in seinem Reich, ist dem Menschen nicht wissend. Aber dass es whar ist, dass hatt sich genugsam auff Erden erzeigt dass es also is».

89. Paracelso, ibíd., vol. X, pág. 372: «Nun von wegen eines mehreren Verstander sollt ihr, vordem und ich den Ursprüng von Engel setzeverstehn und wissen das Exemple: Niimlich dass Gott den Menschen beschaffen hat, die Welt und alle Firmament wie dann ein Ring und Kreis beschlossen ist. Nun befindet sich augenscheinlich das in der Welt, dass zwei Art sind, gut und bos in allen dingen gute Menschen, auch büse, seling, auch unselig, Heiligen, auch verdammten, auch in allen Tieren solcher Art zwo, in Elementen und im Firmament, das genugsam beweislich ist. Also wie mm in der Welt der Anfang aller Dinge ist gut gewesen und Gott gefüllig, so hat die Zeit die Gute Art zerbrochen und gespalten worden in gut und Bos, aus gutem hose: diese Art wie der Welt so auch im himmel». Cf. *Philosophia sagax,* libro IV, l.

Del hecho mismo que acabamos de citar, es decir, *de que hay por todas partes mal y bien, que hay mal en todo y en cada cosa,* es fácil deducir que el mal es algo esencial al ser de las cosas creadas, que forma un elemento constitutivo del ser creado y finito. Por tanto, parece evidente que éste no puede ser perfecto, dado que está limitado tanto en sus cualidades como en su ser; por otro lado, el hecho mismo de que las criaturas son *creadas,* es decir, compuestas de ser y de nada, implica que son imperfectas y perecederas. También hay que comprender que la nada es en sí misma un elemento constitutivo de las criaturas; es, por decirlo de alguna manera, la materia de la creación: de ahí que todo, conteniendo en sí nada, tienda hacia la nada. Ahora bien, una tendencia semejante, aunque necesaria, es, evidentemente, contraria a la tendencia hacia el bien, que es el principio del ser y de la vida. Se vuelve, por lo tanto, a la conclusión (que no es exactamente idéntica al punto del que se había partido), de que todo ser finito, limitado, creado, lleva en sí, necesariamente, una tendencia maligna hacia el mal,[90] es decir, hacia la nada. Y si el mal parece quedar identificado con la nada —lo cual confirmaría la premisa inicial de que las cosas se componen de bien y de mal—, es consolador saber que el mal lleva en sí mismo su remedio, puesto que es nada. Su victoria implica su propia desaparición: de ahí que al final de los tiempos, el mal no sería nada y sólo permanecería el bien. Todo volverá al orden y todo será como antes…[91]

---

90. La vida, por otro lado, es *böse* en sí misma. Es ardor y fuego y, por tanto, destrucción. Boehme extraerá de esta idea la noción de la cólera, de la furia *(Zorn)* de Dios.

91. Paracelso, *Líber de origine morborum invissibilum, Obras,* I, pág. 222: «Was auss dem Leimklotzen anhangt, das muss an weg: Darumb werden die Elementen sergehen und alles was aus ihnen wachst. So die ding zergehn-werden, was wollt

Solución poco satisfactoria, puesto que implica dos cosas, o que hay que volver a empezar o, lo contrario, que en general no valía la pena empezar. Paracelso esboza entonces una tercera solución, que tiene la ventaja de coincidir con sus doctrinas médicas, con sus teorías sobre las enfermedades.

¿Qué es el mal? ¿Puede hablarse del mal en general? Lo que es malo para uno es bueno para otro. Los peces mueren en el aire y el hombre no puede vivir en el agua. El mismo veneno que mata a uno deja a otro indemne. Sabemos que las serpientes viven de veneno, y que, por tanto, no es mal para ellas. El mal no es algo en sí; sólo se puede hablar de mal por su relación con este o con aquel ser; una sustancia es buena (para un ser) cuando le resulta favorable cuando le alimenta; es mala cuando, al contrario, es veneno para él. No son, por tanto, las sustancias en sí mismas –que son todas buenas–, sino sus relaciones con otras las que dan lugar al mal. El mal es producido por un desacuerdo, por un desorden, por una falta de armonía. Las diferentes fuerzas que constituyen los seres –buenas en sí mismas– luchan entre sí y producen de este modo enfermedades, sufrimiento y muerte.

Las enfermedades no son más que una lucha entre dos corrientes de vida. La enfermedad es en sí misma un ser, una entidad, una vida. Una vida parasitaria,[92] una vida que se desa-

---

dann die Natur des Cürpers thun, die auss den Elementen kompt? Es werden alleding florificieret werden».

92. Se puede considerar este concepto de la enfermedad como una de las más bellas y profundas intuiciones de Paracelso. Una enfermedad es un ser dinámico, vital, que «se» desarrolla según su propia naturaleza, que «sigue su curso». Si se quiere ver en Paracelso el «precursor» de la medicina moderna, aquí se podría encontrar una «previsión» o un «presentimiento» de las teorías microbianas; es evidente, no obstante, que no pretendemos en absoluto hacer de Paracelso un precursor de Pasteur. Paracelso no tuvo la idea de los microorganismos y además se burlaba de la asepsia.

rrolla con detrimento de la del ser enfermo, y, por tanto, es un mal para éste. En sí misma es una vida que se alimenta de la del animal o del hombre enfermo, como la suya propia saca su alimento de otras vidas que para mantenerse y afirmarse está obligada a destruir. El *Archeus* del enfermo combate la vida parasitaria, hostil de la enfermedad, y el médico le ayuda en ese combate.[93] Esa lucha y el desorden que resulta, el desacuerdo que supone, he ahí el mal.

El mal queda, pues, reducido a una oposición desordenada de fuerzas. No es en modo alguno un ser: por eso se puede, una vez restablecido el orden, concebir su destrucción. Pero si el desorden, la lucha, no es algo natural, necesario y eterno, si es producto de una acción contraria al orden —la caída de Lucifer— se tiene la explicación buscada.[94] La caída de Lucifer transforma el mundo divino en infierno, y la imagen del mundo con dos claves —visible e invisible— queda sustituida en Paracelso por la de

---

93. Vemos aquí la verdadera razón de la oposición de Paracelso a la medicina de sus días, a la medicina de los síntomas. A Paracelso le parecía igualmente ridículo combatir los síntomas de una enfermedad por los contrarios o por los parecidos. Las dos reglas médicas *dimils dimilibudy contraria contrariis,* le parecían igualmente inadecuadas y desprovistas de sentido. En efecto, la medicina de los síntomas sólo actúa sobre la *expresión exterior* de las enfermedades, sin atacar el *centro.* ¿Qué sentido puede tener combatir el calor con el frío exterior? Ninguno, salvo agravar el caso, haciendo «entrar» en el organismo el calor que de él se escapó. El verdadero médico debe reconocer a través y por los síntomas-signos la verdadera esencia de la enfermedad y actuar bien reforzando la corriente de vida propia del organismo, su *Archeus,* bien *envenenando* la enfermedad. Esto, en efecto, sería una medicación de las causas y no de los efectos.

94. Paracelso, *Secreta creationis, Obras,* vol. III, pág. 115: «Luft der ersten Materie (estaba) gut und bös (junto) und (Dios) erkannte darinnen alle Dinge, gut und bös, aber das bos unreine Luft dieklare reine Luft überwand». *(Luft* es aquí lo mismo que *Geist).* El ser creado es, pues, una mezcla de *gut* y *bös,* donde el bien predominaba antes. La caída de Lucifer liberó las fuerzas «malignas», les dio un ser «separado».

tres mundos: el infierno, el paraíso y nuestro mundo, intermediario entre aquellos dos. Intermediario en el ser, no en el espacio, por supuesto, dado que los tres mundos son estrictamente coextensivos. A un mundo triple corresponde entonces una trinidad (triplicidad) en el hombre. Una triple vida del hombre.

Sin embargo, no todas las enfermedades son de esta naturaleza; hay otras, especialmente las que derivan de la corrupción de la materia y de la influencia hostil de las fuerzas astrales, y las que tienen su fuente en el organismo mismo: las enfermedades tártricas *(tartarisca, cagástrica)*.[95] Ahí no son dos vidas las que luchan entre sí, sino la corriente de vida que lucha con sus condiciones de encarnación y de existencia. Sucede que los humores que componen el cuerpo se corrompen, que las «fuerzas» y los «cuerpos» de que el ser vivo se compone se deterioran. Esto se explica también por un desorden. Las fuerzas astrales o son demasiado fuertes o demasiado débiles. La «alimentación» o demasiado abundante o insuficiente. Los efluvios contrarios (hostiles, venenosos) se propagan. Desorden cósmico que sólo una caída cósmica puede explicar.

Además, está el hecho de que la materia es corrompida en su conjunto, que es *cagastrum*.[96] Por esta razón, la vida no puede dominarla y penetrarla en su totalidad; hay descomposición, hay restos, tártaros. Son impurezas las que llenan de inmundicia el organismo y lo envenenan; de este modo, la vida parece combatirse a sí misma, acumular obstáculos en su propio camino.

---

95. El mismo término es característico. Las enfermedades *tártricras (Tartarische)* no son, como a veces se ha creído, enfermedades de los tártaros, sino aquellas que provienen del *tártaro*. Son, por ejemplo, los cálculos, las esclerosis. También es una idea que ha jugado un gran papel más tarde; la noción del autoconvencimiento del organismo surgió de ahí.

96. Paracelso; *Secretum magicum, von dreien gebenedeiten Steinen, Obras,* ed. Estrasburgo, 1603, vol. II, pág. 677: «die Schopfung der ganzen Natur ihr Fall ist».

Pero incluso ahí lo explica la caída. La caída consiste en la separación, en el egoísmo individual de los seres y de las fuerzas; cada ser, animal, metal, materia o fuerza quiere todo para él, quiere aislarse, quiere conservar para sí su ser y sus potencias y apoderarse de las que proceden de arriba. De ahí la resistencia de la materia al soplo del espíritu que la penetra; de ahí, en general, la resistencia de todas las formas inferiores del ser a las superiores, rechazo a servirles de medio de expresión, de encarnación. Por eso la vida, el desarrollo de cada «germen», encuentra en sí mismo una resistencia que debe combatir; ahí radica la verdadera razón del mal; la caída-separación, fuente de la lucha y del combate, del sufrimiento, del mal, de las enfermedades, del mundo de los cuerpos groseros, impenetrables y egoístas. Pero, afortunadamente, este «mundo» es temporal. En «el centro» está la muerte y morirá como muere y desaparece toda vida terrestre.[97]

Paracelso no puede, sin embargo, decidirse a ver en la creación y en la vida otra cosa que un episodio, absurdo en el fondo,[98] de un ritmo circular que lleva todo a su punto de partida. No, nada de lo que ha salido del misterio retorna a su seno tal como era «antes». Transformada, transfigurada, la criatura subsiste eternamente. El espíritu no es eterno, y el hombre, hijo de Dios, no es un pequeño Dios,[99] y, por tanto, no es indestructible ni eterno.

---

97. Paracelso, *Obras,* III, 97: «Ein jedes beschaffenes ding begehrt wiedernatüloch zu sein dass es zuvor vor der schéipfung gewesen ist. Das ist der Grund aller unser *Philosophiae* ... Dann die Element sind aus Nichts geschaffen, und begehren wieder nichts zu sein».

98. La *separatio,* que es la razón por la cual el *Element (Ylyaster, Mysterium Magnum,* etcétera) se ha transformado en una multitud de elementos, es algo negativo. El proceso en sí mismo es negativo, es «cagástrico», y se puede decir que es la incorporación de la nada al ser; la creación es una caída.

99. Paracelso, *Philosophia sagax,* libro I, *Obras,* vol. X, pág. 365: «In uns ist das Licht der Natur, und das Licht ist Gott. Darum wir bilig Géitter genannt werden».

¿No ha recibido como misión el hombre la tarea de revelar los misterios de Dios?[100] ¿No es el obrero del Señor? ¿Será vana su tarea? ¿Perecerá el mundo?

Una vez más, viene en nuestra ayuda la doctrina del microcosmos, la doctrina alquímica de la identidad fundamental de los procesos en la naturaleza y en el hombre.[101] Dado que el hombre será transfigurado, el mundo también lo será. Es inadmisible que Dios lo haya creado para nada; es inadmisible que los *magnalia Dei* se cubran de nuevo de misterio. Nada de lo que es y nada de lo que ha sido puede desaparecer; incluso las frágiles y efímeras flores subsistirán, resucitadas, transfiguradas, eternamente.[102]

Y esta transfiguración, esta deificación del universo ha comenzado ya. Cristo es la prueba. Ha resucitado, se ha revestido de un cuerpo espiritual, símbolo de la transfiguración del mundo. Además, ¿no vemos realizarse todos los días este misterio de

---

100. Paracelso, *Liber de imaginibus, Obras,* IX, pág. 389: «Es ist ein solch gross ding um der Menschen Gemülth, als das es niemand moglich ist auzusprechen. Und wie Gott selbst und die *Prima Materia* und der Himmel, die drei ewig und unzerganglich sind also ist auch das Gemut der Menschen. Darum wierd der Mensch selig durch und mit seinem Gemüt d. i. es lebt ewiglich und stirbt nimmermehr... Und wenn wir Menschen unser Gemiit rechterkennen so ware und nichts unmoglichs auf dieser Erden».

101. Paracelso, *Philosophia sagax, Obras,* vol. X, pág. 27: «Alle *creata* seindt Buchstaben und Bücher des Menschen herkommen zu beschreiben... also seindt alle *creata* Buchstaben in denen gelesen wird wer der Mensch ist».

102. Paracelso. *Philosophia ad Athenienses,* XXXI, *Obras,* vol. VIII, pág. 14: «Kommen alle ding wieder in ihren ersten Anfang und bliebt allein das, das vor dem *Mysterio Magno* gewesen ist, und Ewig ist... Und wie woll alle ding kommen wierder zu jhrem Ersten, das beschicht also: Wann sie zu nicht kommen, so seindt sie anjhrem Ersten, dann das Erst ist zu suchen im Ersten Angang... Die seel in mir ist auss etwas geworden, darum sie nicht zu nichts Kommt dann aus Etwass kommt sie, aber, auss solchem Nichts wird Nichts unnd wird nichts mehr darauss geboren... wir kommen aus dem *Mysterium* in das nicht wieder kommt, auss dem es kommen ist».

la transfiguración en el santo sacramento? ¿Y no somos nosotros *alimentados* por la fe cuando con fe nos acercamos al sacramento? ¿No participamos de esa resurrección, de la transfiguración?[103] Y, por último, cuando el mundo habiendo hecho su recorrido se hunda en la nada, cuando todo lo que ha salido de la *prima materia elementorum* regrese a ella, y la *materia sacramentorum* retorne a Dios, los seres que aquí abajo hayan sido transfigurados en un cuerpo espiritual, permanecerán[104] y, por ellos y en ellos, por el hombre y en el hombre, el mundo entero se conservará eternamente. Sólo desaparecerán la división y todo aquello que procede de la nada.[105]

$$* * *$$

La doctrina teológica de Paracelso coincide perfectamente con su concepción general del mundo. Culmina en su concepción del hombre, centro absoluto del universo, libro que contiene *ab aeterno* todas las maravillas y todas las esencias de la creación, obrero cuya tarea es precisamente revelarlas y realizarlas. Con-

---

103. La fe es una «imaginación» y transforma el ser del creyente.

104. Paracelso, *Philosophia ad Athenienses,* libro II, 11; *Obras,* vol. VIII, pág. 29: «Dann es ist wider die Philosophei, dass die Blümlein sallen ohn Ewigkeit sein; wiewohl sie verderben so werden sie wohl an der Sammlung aller Geschlechter esrcheinen. Dann es ist nichts geschaffen auss *Mysterio Magno* es wird haben ein Blidniss ausserhalb den Aethem».

105. Paracelso, ibíd, VI, págs. 315 y 328: «Wann mm alsdann alle diese Dinge vollendet und vergangen sind, werden alle elementalischen din wiederein zu der *Prima Materia elementorumgehen,* und in ewigkeit gequellet u nd nicht versehret werden. Dagegen werden alle sacramentalischen creaturen wiederum gehen zu der *Prima Materia Sacramentorum,* d. i. Gott werde in ihm erleichter, klarificiert und in der ewigen Freu dun Seligkeit Gott ihren Schopfer loben, ehten und preisen, von Welt zu Welt, von Ewigkeit zu Ewigkeit».

cebido de este modo, se concibe que su hombre sea en cierta medida increado: ¿no es una expresión esencial de Dios y del mundo? Se comprende igualmente que filosofar sea un asunto tan importante en esta vida. Filosofía es conocimiento y revelación de la naturaleza, y como tal, obra de la luz natural. No depende de la revelación propiamente dicha. La Biblia no es un manual de física y por eso los hebreos no han entendido nunca nada. La obra de Cristo sólo pertenece a la teología.[106]

División que parece mucho más nítida de lo que en realidad es, porque de un lado la luz natural es divina en sí misma, y la obra de Cristo es cósmica.[107] Por tanto, al proclamar a instancias de los espiritualistas de su tiempo la necesidad de un conocimiento espiritual y de una «inspiración» –distinguiendo por supuesto entre sabiduría divina,[108] iluminación directa del espíritu por el Espíritu y sabiduría natural–, se comprende que

---

106. Paracelso, *Liber meteorum, Obras,* VIII, pág. 201: «Dan n Gott ist wunderbalich is seinen Werken und Geschüpfften, der ohn End wunderbarlich dern Menschen als der edelsteen Creaturen selbst alles zu philosophieren befohln hatt, und erforschen die Natur damit sie die Wunderwerk Gottes hierfür zeig. Dann was haben wir auff Erden als allein in G6ttlichen Wercken wandeln, und sie erkennen?… Denn in zwein Wege sind die Werck Gottes getheilt, in die Werk der Natur das die *Philosophia* begreifft; und die Werk Christi, das *Theologia* begreiff».

107. Paracelso, *Philosophia magna,* libro I. *De elemento aeris,* 5, *Obras,* vol. VIII, pág. 58: «…aus diesen *Centro* die welt geworden ist, und Materialisch germacht, auff diessen Stuhl ist *Christusam* Kreuz gehangen … Das da ist Materialisch und Leiblich geworden Gott und sein Werk, der *Centrum* Seins Reichs unnd sein Stuhl. Also ist… zu wissen … das Gott den *Centrum* seines wissens zerganglich, und sich selbs gemacht hat. Denn wie er lieblich ein shon hegeissen wirdt, also ist die Welt sein Hauss … und sie nicht also hingeht als gekomrnen ist, sonder da werden bleiben von Menschen das Herz und von der Welt das Geblüw».

108. Paracelso, *Philosophia sagax,* libro 1, *Obras,* X, pág. 5: «…zween weisheit seins in dieser Welt: ein ewige und ein Tüdtliche. Die ewig entspring ohne Mittel, auss dem Liecht dess Heiligen Geists, die ander ohne Mittel, auss dem Liecht

Paracelso no quiera denigrar a esta última.[109] E igualmente se comprende que magnifique al hombre declarándolo superior a la naturaleza debido al pensamiento.[110] Y es evidente que entre Dios y el hombre no quiere intermediario alguno.

La gracia, tintura divina, actúa directamente sobre el alma despertando sus fuerzas espirituales. Y es el espíritu, la fe –fe poderosa, imaginación–, la que salva o condena al hombre, según que crea en Dios, en el diablo o incluso en la naturaleza.[111] En Dios, es decir, en Cristo, imagen de la que se apodera la imaginación de la fe, imagen de la que se alimenta –espiritualmente– mediante los sacramentos. Alimento «espiritual», pero también real, porque el cuerpo de Cristo es, además, un cuerpo, y la *materia sacramentorum,* materia espiritual de la que está formada, es, por muy espiritual que sea, materia.

---

der Natur… die auss dem Liecht der Natur hatt zwo Species in ihr, die Gutt und die Bose Weissheit».

109. Paracelso, ibíd., X, pág. 24: «Unnd ist doch das Liecht des Natur, unnd dess H. Geists nich verloschen, sondem noch so gut als vom Anfang des Pfingstags».

110. Paracelso, *Philosophia sagax, Obras,* vol. X, págs. 161y 162: «…die Gedanken tun dass die Gestim, und die *Elementa* nit vermogen: sonder die Gedanken herrschen und regiren wider die alle, und die Gedanken sind frei, werden von nichts geherrrschet, und in Gedanken stehet die Freyheit dess Menschen, und dieselbigen übertreffen das natürlich Liecht… die Gedanken machen, und dieselbigen übertreffen das natürlich Liecht… die Gedanken machen einen newen Himmel, ein new Firmament, darzu auch ein newe Kraft… Also gewaltig ist der Menchs geschaffen, dass er meehrist dann der Himmel und Erden, erhatt den glauben und der Glaub übertrifft das naturlich Liecht und Allen Creaturen Kraft und Mahct».

111. «Num seindt der Glauben drey: Es ist Glauben in Gott… noch sein ander Glauben, glauben in den Teufel… auch ist nocht ein Glauben, das ist, glauben an die Natur, dar ist in das Liecht der Natu. *Eine ander Erjlärung der ganzen Astronomey, Obras,* X, pág. 475.

Según Paracelso, es la fe la que salva al hombre. Pero su fe está lejos de la fe luterana. Y su Dios también está lejos del Dios luterano.[112]

La fe es, por así decir, el centro del ser espiritual; es la fuente de su potencia; es la que engendra al hombre nuevo, al hombre espiritual; es la que alimenta y dirige la *matrix* mágica de la imaginación.[113] Y su Dios, creador eterno, o más exactamente, fuente eterna del universo, es al mismo tiempo el Dios justo, el Dios justicia, el Dios verdad. Padre del universo, es ante todo padre del hombre. Y el hombre, hijo de Dios, es su imagen, es un «pequeño Dios», como ya hemos visto.[114]

Este pequeño Dios es libre. Todo está en él: el paraíso y el infierno, el mal y el bien, Dios y Satán. Su fe, su imaginación le lleva hacia una o hacia la otra de estas regiones o planos del ser que constituyen el mundo paracelsista. El infierno está ahí;

---

112. Paracelso, *De origine moerborum invisibilium*, libro 1, pág. 185: «Unnd durch diese Sterk des glaubens übergrifft er die Geist und überwindet sie alfo dass alle Geist in ihm still müssen stahan… Nuhn wissend mehr von dieser sterke das sie auch im Teufel ist, sie haben den Glauben alle, auss dem haben sie ihre sterke… Die Teuffel haben ihren glauben missbraucht darumb seind sie verstossen worden: Der glaub ist ihnen aber nicht genommen».

113. Paracelso, *Liber Azath sive de ligno et linea vitae, Obras*, X, pág. 61: «So ist unser *lmagination* eine trix und wird geschwengert mit Leib und Blut Christi, dz ist mit dem Limbo des Ewigen und gebieret in diesem Leben einen Neuen Leib der wechset auf und gehet aus dem irdischen Acker in die Himmlischen Scheuren… Darumb der da glaubert der ist schon schwanger und hat schon wahrhaftig empfangen den Leib Christi».

114. Paracelso, *Vom Fundament der Weisheit und Künsten, Obras*, IX, pág. 426: «Also mogen wir in Gott nichts mehr sehen dann allein die Wahrheit und die gerechtigheit: das ist die Anatomey Gottes, dass wir nicht sindt, allein wir sehen dannd Gott gleich; Und also volkomen als unser Vatter im Himmel ist, Dan wir sindt auch Gütter darum das wir seine kinder sind aber der Vatter selbs Nicht: darumb bleibet allein ein Gott unnd nicht mehr…».

también el paraíso. No habría «viaje» después de la muerte. Hay descenso o subida en el ser, no en el espacio.[115]

El hombre tiene que hacer su obra, como Dios hace la suya; tiene que cumplir su misión; dejarse amar e iluminar por Dios, dejarse guiar por Cristo, el Espíritu, el Paracleto. El hombre tiene que penar, que buscar. Buscar en sí mismo, en su fuero interno, en su cielo interior, *Wer da sucht, der findet,* repite Paracelso; *wer da sucht in dem inneren Himmel.*[116]

Curiosa doctrina, confusa, por supuesto. Mezcla de mística, de magia, de alquimia. Muy bella, sin embargo, porque representa un esfuerzo sincero de ver el mundo en Dios, a Dios en el mundo y ver al hombre participando de los dos y «comprendiendo» a los dos.

Doctrina muy influyente también. A través de Jacob Boehme, de Weigel, de otros está en el fondo de todo el movimiento teosófico posterior, movimiento cuya importancia, y eso lo sabemos de sobra, no puede ser subestimada por el historiador de las ideas.

---

115. Paracelso, *Liber meteorum, Obras,* VIII, pág. 295: «Die Höll ist nicht ausserhalb des *Centrums,* sondern im *Centro* an den Enden und Orten do der Mensch wohnt. Aber ein ander ist do, so die Seel vom Leib seheidt, do bleib sie, do der Leib gewesen ist und führt nich tausend Meïl übers ich oder untersich; ist sie selig so bleibts, ist sie infernalichs so bleibts. Dann do seind Freund und Leid an einer Stattund so Himmel und Eerden zergehen werden, als dann ist es wieder das Paradies ganz und gar, und ist ein Wesen, d. i. ewig und nichts zergangliches darinnen». Cf. Weigel, *Vom Orth der Welt,* 15, y *Drey Reile einer Anweisung ... Newenstatt,* 1618, pág. 72.

116. Paracelso, *Philosophia sagax,* libro II, prefacio; *Obras,* vol. X, pág. 247: «So jhr nun wod betrachtet, wz, unser Gott und Schopfer taglich anzeigt, ist von nothen, dzjhr dem nachsinnet unnd bedenket, so kommt der *Paracletus,* und lehret euch alles verstehen und erkennen in eweren Hertzen. Dann also wird einjegliche von Gott gelehrt in dem das er sucht: Wer da sucht der findet das ist, wer da sucht in dem inneren Himmel».

ÍNDICE